VACANCES ACTIVES EN FAMILLE

CORSE

40 randonnées et excursions

Marion Landwehr

W0190875

GUIDE DE RANDONNÉES ROTHER

Préface

»Le soleil a tellement fait l'amour à la mer qu'ils ont fini par enfanter la Corse«, a dit un jour Antoine de Saint Exupéry. Ce que s'empressent d'ailleurs de confirmer tous les amoureux de l'île qui n'imaginent pas un seul instant passer leurs vacances ailleurs qu'ici. Le charme et la fascination qui émanent de la Corse sont perceptibles dès le tout premier contact. Contrairement à de nombreuses autres régions touristiques qui séduisent particulièrement soit les adultes, soit les enfants, la Corse est une destination familiale de choix car elle réunit tous les ingrédients propices à d'agréables vacances communes sans pour autant que parents et enfants soient obligés de faire des compromis. Les parents peuvent en effet admirer le paysage paradisiaque qui les entoure et se reposer en toute quiétude tandis que les enfants barbotent dans les flots turquoises de la Méditerranée. Pour ce qui est des villes, non seulement elles ne sont pas très grandes mais en plus elles sont suffisamment intéressantes pour les enfants pour éviter aux parents tout stress causé par une progéniture fatiguée ou qui s'ennuie à mourir. Quel que soit l'endroit vers lequel leurs pas les portent, il y a toujours quelque chose de passionnant à voir. Ici, pas d'»attraction« à chaque coin de rue mais une foule de curiosités disséminées à travers la ville. Les randonnées restent toutefois l'activité-phare sur l'île. Ici aussi, tout compromis est superflu : les parents tout comme les enfants aiment emprunter les chemins aventureux, alpins ou enchantés de l'île pour découvrir au-delà de chaque tournant un nouveau et captivant panorama sur ce pays enfanté avec tant d'amour par le soleil et la mer …

Il est impossible de s'ennuyer sur cette île. Que l'on ne quitte pas le lieu de ses vacances, que l'on répartisse son séjour entre plusieurs lieux ou que l'on plante sa tente régulièrement dans un camping différent pour visiter un maximum d'endroits intéressants – on ne pourra jamais tout voir. Le programme est varié et alterne visites de sites, villes, plages et randonnées. Même si l'on ne quitte pas le camping ou sa location pendant une journée, l'île a tellement de facettes qu'un seul jour n'y suffit pas !

Le guide actuel ne peut donc vous dévoiler qu'une partie seulement des expériences qu'il est possible de vivre en Corse. Outre les propositions dites »normales«, vous y trouverez également des tuyaux et les incontournables qu'il faut avoir vus ou faits comme par exemple d'extraordinaires canyons et des lacs de montagne paradisiaques mais aussi un parc de tortues avec ses habitants exotiques ou la préfecture de l'île, Ajaccio. Les touristes sont nombreux à retourner en Corse après une première visite – on pourrait même dire de la plupart que ce sont des »récidivistes«. Un conseil pour ceux qui visitent la Corse pour la première fois : n'essayez pas de tout voir d'un littoral à l'autre de l'île. En effet, en fonction de la région choisie, les trajets peuvent être plus ou moins longs et les routes sont généralement très sinueuses. Il faut parfois une heure pour parcourir seulement 20 kilomètres. Conclusion : inutile de vouloir en faire trop car chaque région corse mérite qu'on s'y intéresse de très près.

Je vous souhaite par conséquent à tous un merveilleux séjour riche en surprises sur la fameuse »Île de Beauté«!

Marion Landwehr

Sommaire

Préface   3
Informations générales   8
Organisation du voyage   16
La tête de Maure   20
Une histoire captivante   21
Au secours, les Romains arrivent !   24
»Une véritable traînée de poudre«   26
Un festin pour Obélix   28

Vacances en famille dans le Nord-Ouest   32
Les plages du Nord-Ouest   34

▶ **1** **La vitalité du Nord**
         L'Île Rousse, ville côtière truculente   36

▶ **2** **Poste d'observation sur la Balagne** 🥾🥾
         L'ascension du Monte Tolu (1332 m)   40

▶ **3** **La patrie de la tortue corse**
         »Le Village des Tortues« dans la Vallée d'Asco 44

▶ **4** **Promenade et baignade** 🥾🥾
         Le Pont Génois dans la Vallée d'Asco   46

▶ **5** **La vallée dans la vallée** 🥾🥾
         Sur la berge de la Tassineta dans la Vallée d'Asco 48

▶ **6** **Le joyau de la Balagne**
         Calvi – Fleuron touristique du Nord   52

▶ **7** **À cheval entre mer et montagne**
         Sortie avec le centre équestre »A Cavallu«   56

▶ **8** **Rochers, bassins et surtout la forêt !** 🥾🥾
         À la découverte de la Forêt de Bonifatu   58

▶ **9** **Allez, nagez !** 🥾🥾
         Randonnée aquatique à travers le Fango   61

▶ **10** **De grands terrains de jeux en pleine nature**
         Accro-branches près de Calvi et dans la Vallée d'Asco 64

Le Far West — 66
Les plages de la côte Ouest — 68

▶ **11 Une adorable petite ville côtière**
Porto, une ville entre littoral et montagne — 72

▶ **12 Le grand labyrinthe rocheux** 🏃🏃
Sortie escalade dans les rochers des Calanches — 76

▶ **13 Des chiens et des châteaux en pierre** 🏃🏃
Mystérieuses Calanches — 80

▶ **14 Aventure dans les Gorges de la Spelunca** 🏃🏃
La sauvage vallée fluviale entre Evisa et Ota — 82

▶ **15 Randonnée de découverte près de Cargèse** 🏃🏃
La tour de garde sur la Punta d'Omigna — 86

▶ **16 Rallye de baignade**
Découverte d'un paysage sauvage à partir de Vico — 90

▶ **17 Par monts et par vaux à cheval**
La ferme équestre »Le Ranch« à Sagone — 92

▶ **18 Sur les traces de Napoléon**
Ajaccio – Préfecture de la Corse — 94

▶ **19 Les Îles Sanguinaires** 🏃🏃
La Tour de la Parata — 98

▶ **20 Eldorado des toboggans aquatiques**
Le parc aquatique »Aqua Cyrne Gliss« à Porticcio — 100

Le Sud paradisiaque — 102
Les plages du Sud — 104

▶ **21 Programme varié à Campomoro** 🏃🏃
Tour de garde et baignade sur une plage de rêve — 108

▶ **22 Une cité médiévale**
Bonifacio – Fleuron de la pointe Sud de l'île — 112

▶ **23 Sur les traces du passé** 🏃🏃
Les Castelli di Cucuruzzu et Capula — 118

24 Des ruelles étroites pleines de vie
Porto-Vecchio – Ville du Sud entreprenante   122

25 Une forteresse de l'âge de bronze 🚶🚶
Le Castellu d'Araghju   126

26 Pagayer comme les Indiens
Sortie en kayak jusqu'à l'Île de Pinarellu   129

27 Une tour génoise accessible 🚶🚶
Balade jusqu'à la Tour de Fautea   132

28 Alerte aux chèvres des montagnes ! 🚶🚶
La Crête des Terrasses dans le Massif de Bavella   134

29 Patauger, escalader, nager 🚶🚶
L'aventure dans la rivière Fiumicelli   138

30 Bonjour les acrobates !
Parcs accro-branches dans le Sud de la Corse   142

La côte Est et l'intérieur des terres   146
Les plages de la côte Est   148

31 Ils sont fous ces Romains !
La cité antique d'Aléria sur la côte Est   150

32 Une douche froide 🚶🚶
Baignade dans la marmite de géant du Bucatoggio   152

33 Au royaume des cieux 🚶🚶
Vers le paradis verdoyant du Lac de Nino (1743 m)   155

34 La capitale secrète
Corte au cœur de l'île   158

35 Rencontre entre montagne et vallée 🚶🚶
Une aventure dans la Vallée du Tavignano   162

36 Escalade dans la Vallée de la Restonica 🚶🚶
En altitude sur la berge du Lac de Melo (1711 m)   166

37 En avant pour les jeux aquatiques ! 🚶🚶
Les Cascades des Anglais dans la Forêt de Vizzavona 170

6

38 Promenade vers une ruine hantée 🥾
Circuit de l'»U Casteddu« au-dessus de Vero   174

39 En visite chez les habitants à carapace
La cité des tortues »A Cupulatta«   176

40 D'arbre en arbre
Parcs accro-branches près de Vero et Vizzavona   178

Index   180
Mentions légales   184

Informations générales

Difficulté

Ce livre présente outre des randonnées, également des activités et des excursions passionnantes destinées aux enfants comme par exemple la visite d'un parc de tortues ou une ballade aventureuse en kayak face à la côte. Ces propositions figurent sous un numéro vert.

Pour faciliter le choix en fonction du niveau de difficulté, les numéros des randonnées et excursions ont une couleur différente (bleu, rouge ou noir) avec la signification suivante :

▶ **Facile**

Courtes promenades et randonnées sans montées notables sur un terrain sans difficulté. Ces itinéraires peuvent être aussi empruntés par les jeunes enfants.

▶ **Moyen**

Randonnées exigeant plus d'endurance en raison de leur longueur, avec des montées ou par endroits des sentiers rocailleux qui peuvent exiger un pied assez sûr.

▶ **Difficile**

Randonnées exigeantes d'une longueur supérieure à la moyenne ou avec des passages d'escalade. Ces parcours comportent aussi de longues montées et des dénivelées importantes. Un pied bien sûr et une bonne condition physique sont indispensables pour ces randonnées.

La rubrique »Infos en bref« de chaque randonnée donne des informations plus précises sous le point »Difficulté«. On y trouve une liste des facteurs indispensables, par exemple une bonne forme physique ou un pied sûr dans les passages difficiles. Grâce également aux indications relatives à l'âge, au temps de marche, à la longueur du parcours et à la dénivelée, chaque famille peut décider quelles sont les randonnées qui conviennent à leurs enfants. Tous ces renseignements et ces classements vous sont uniquement donnés à titre de point de repère et de fil conducteur. Certains enfants maîtrisent sans aucune difficulté les passages escarpés sur des sentiers rocailleux, d'autres ont besoin de plusieurs pauses dans les ascensions ardues.

Temps de marche et durée des visites

Les temps indiqués pour les randonnées correspondent à la durée de marche mais il ne s'agit que d'une estimation. En effet, en fonction de l'âge, de l'endurance et de la motivation des enfants, le temps de marche peut varier. Les pauses ne sont pas comprises mais mieux vaut généralement prévoir de nombreuses haltes suffisamment longues, ce qui permet d'ailleurs de profiter encore plus intensément

Les sentiers pierreux sont nombreux sur l'île (randonnée 28).

Escalade et vieilles ruines dans la forêt de Vizzavona (randonnée 37).

des merveilleux décors naturels de l'île et de faire aussi de nouvelles découvertes.

Le temps à prévoir au total pour visiter un site ou rejoindre une attraction est indiqué à la rubrique »Infos en bref«. Il s'agit ici aussi d'estimations, mais elles devraient permettre de mieux organiser son temps lorsqu'il s'agit de savoir si on part pour une journée entière ou pour quelques heures seulement.

Arrivée

Faute d'un réseau dense de moyens de transport en commun, la descrip-

Données GPS

Des coordonnées GPS pour ce guide de randonnées peuvent être téléchargées gratuitement sur le site Internet des éditions Bergverlag Rother (www.rother.de). Pour le téléchargement, utiliser le mot de passe suivant : wbVaCor01bM84s.

Les données GPS sont été enregistrées par l'auteur pour une partie sur le terrain, pour une autre au moyen d'une carte numérique. L'éditeur et l'auteur ont vérifié en toute conscience et bonne connaissance les traces et points de tracé mais des erreurs ou des divergences sont impossibles à exclure. De même, les données sur les lieux peuvent avoir changé entretemps. Les coordonnées GPS sont certes extrêmement utiles pour la planification et la navigation, mais elles ne sauraient remplacer une préparation minutieuse, un bon sens de l'orientation ainsi que la faculté d'évaluer la situation (sur le terrain). Il est par conséquent déconseillé de se fier exclusivement à l'appareil et aux coordonnées GPS pour s'orienter.

tion de l'itinéraire à suivre implique que les randonneurs doivent se déplacer avec leur propre véhicule. Le guide décrit approximativement le trajet avant de donner plus de détails pour rejoindre le point de départ concret d'une randonnée ou un site de visite.

Restauration

Lors de randonnées ou d'excursions, tous les points de restauration, inhabituels ou non, en bordure ou à proximité de l'itinéraire suivi sont explicitement mentionnés. Le descriptif d'une ville indique généralement les places bordées de nombreux restaurants et cafés. Des recommandations particulières sont également glissées aux endroits correspondants. Les restaurants proposent pour la plupart un menu enfant avec les plats préférés habituels des petits. Par conséquent les re-

commandations explicites ne se réfèrent pas à l'accueil aimable réservé aux enfants par un restaurant, sauf mention explicite.

Hébergement

Pour ce qui est de l'hébergement, le guide indique généralement le camping le plus proche et décrit brièvement l'infrastructure et l'emplacement. S'il existe un autre type d'hébergement familial tout aussi accessible, comme par exemple un gîte d'étape ou un village de vacances, soit il le mentionne en priorité, soit en sus.

Équipement

En principe, la Corse est une île encore très sauvage. Les larges chemins forestiers sont dans l'ensemble plutôt rares et le charme de la randonnée dans cette région réside dans les étroits sentiers de mon-

Tout le monde s'adonne aux joies de la randonnée – les enfants comme les parents.

tagne, les paysages vallonnés et les ascensions rocailleuses jusqu'aux passages d'escalade. Emporter donc impérativement des chaussures de montagne hautes avec une semelle profilée – notamment pour les enfants ! Certaines randonnées sont faciles ou courtes sans aucun passage rocailleux ; le point »Équipement« à la rubrique »Infos en bref« indique alors que des sandales de trekking ou des chaussures de sport suffisent pour ce genre de parcours. Pour les randonnées à travers des marmites de géant et les parcours qui peuvent passer par un ruisseau ou une petite rivière, il est recommandé de porter des chaussures spéciales comme des sandales de bain ou pour l'eau mais aussi des chaussures de trekking normales qui peuvent se mouiller (éviter donc le cuir !). N'essayer en aucun cas de faire pieds nus la partie aquatique d'une randonnée car le lit des ruisseaux et des mares étant rocheux, il est non seulement désagréable mais impossible de tenir longtemps le coup sans chaussure !

Veiller à ce que les enfants portent des chaussures qui sont parfaitement à leur pointure. Cela ne sert à rien de porter les chaussures de l'année passée car elles sont trop petites depuis longtemps – et il est impossible de marcher longtemps avec des chaussures trop serrées, ce qui entraîne fatalement l'apparition de douloureuses ampoules. D'un autre côté, inutile aussi d'acheter des chaussures trop grandes pour les enfants car elles ne peuvent pas tenir le pied fermement si elles ne sont pas suffisamment ajustées. Cela peut avoir des conséquences désagréables qui, en montagne, peuvent vite se révéler dangereuses. Même si cela revient cher, mieux

Il n'est pas rare d'avoir à traverser une rivière !

vaut acheter des chaussures de randonnée dans un magasin de sports car il est généralement possible de simuler montées et descentes sur une pente. Les chaussures sont exactement à la pointure seulement s'il reste de la place autour des orteils et si elles ne sont pas trop serrées sur les côtés.

Pour les sorties à cheval ou à dos d'âne, mieux vaut porter des chaussures de randonnée car les pieds sont ainsi fermement maintenus dans les étriers. Éviter les sandales qui ne conviennent pas à ce genre d'activité. Les cavaliers devant généralement guider leur monture avec leurs mollets, mieux vaut porter des chaussures stables et fermées (de bonnes chaussures de sport peuvent suffire). Porter également des chaussures de sport solides pour visiter les parcours accro-branches (cf. p. 13). Pour toutes les autres activités, laisser les enfants mettre les chaussures

Les jeunes vacanciers goûtent pleinement les plaisirs de la plage.

qu'ils veulent. Des sandales confortables suffisent amplement pour visiter les villes. Sur la plage, mieux vaut porter des sandales de bain, avec lesquelles on peut aller dans l'eau, notamment lorsqu'il faut marcher sur des cailloux ou se frayer un chemin jusqu'à la mer à travers le goémon rejeté par la mer et qui monte jusqu'aux genoux.

Les adultes veilleront lorsqu'ils achètent un sac à dos à ce qu'il soit bien rembourré, suffisamment grand et doté d'une sangle abdominale afin de soulager les épaules. Mettre à l'intérieur de quoi boire pour toute la famille (de l'eau mais aussi du thé non sucré ou des jus de fruits dilués) et de quoi manger pour la route (sandwichs, fruits, crudités mais aussi des nounours gélifiés et du chocolat à la noisette, en quantités raisonnables, pour donner un peu d'énergie). Mieux vaut être prévoyant et emporter quelque chose à manger, car il est généralement impossible d'acheter quoi que ce soit en cours de route.

Quant à savoir s'il est bon de donner aux enfants un petit sac à dos personnel facile à porter, cela dépend principalement des enfants. Certains sont fiers de porter leurs propres affaires – éviter qu'elles soient trop lourdes – et de cueillir des »souvenirs« en chemin tandis que d'autres en ont vite marre, au plus tard dès que le premier passage d'escalade est atteint – et tentent par tous les moyens de s'en débarrasser. Veiller à ce que le contenu du sac à dos ne dépasse pas 10 à 12% du poids de l'enfant.

La Corse étant une île méditerranéenne, l'ensoleillement est donc très important et il peut faire très chaud dès le printemps. De nombreuses randonnées se déroulent en grande partie sous le soleil et il est donc essentiel que toute la famille s'enduise de crème solaire. Il est également très important d'emporter un chapeau ou une casquette ainsi que des lunettes de soleil qui protègent des UV. Veiller à ce que les enfants portent une casquette avec protège-nuque, les plus grands pouvant se contenter généralement d'une casquette à visière. Ces mesures de protection sont bien sûr très importantes sur la plage. Éviter toujours la chaleur de midi et veiller à ne pas s'exposer directement au soleil. La meilleure manière de se protéger est ici encore de s'habiller. Emporter ou louer un parasol s'il n'y a aucun coin à l'ombre sur la plage.

Escalade et accro-branches

Il existe en Corse un certain nombre de parcs d'aventure qui dépassent de loin tout ce que l'on connaît sur le continent. Il s'agit en général de parcs accro-branches dans lesquels on ne se contente pas de passer d'un arbre à l'autre à travers diverses stations mais dans de nombreux cas, il se cache derrière une »Via Ferrata« qu'il faut escalader. Les parcours sont aménagés dans la roche au moyen d'échelles en fer, de chevilles et/ou de crochets, indiquant ainsi le »chemin« à suivre pour monter. On franchit des ravins à l'aide de cordes, souvent suspendu dans le vide à quelques bons mètres du sol. Ce genre de parcours n'étant pas recommandé pour les enfants, le guide ne s'attarde pas dessus. Il décrit principalement les »parcours aventure« qui, souvent, proposent un parcours supplémentaire pour les plus jeunes. Les enfants adorent ici les tyroliennes avec lesquelles ils peuvent foncer à toute allure d'une station à l'autre (cf. randonnée 40).

Équitation

Tous ceux qui souhaitent faire une sortie à cheval, suivre des cours

Les passionnés d'équitation peuvent s'adonner à ce sport partout en Corse.

d'équitation ou simplement se promener en tenant les rênes d'un poney trouveront ce qu'ils cherchent où qu'ils soient. Les centres équestres sont en effet extrêmement nombreux sur l'île et même si beaucoup d'entre eux sont connus sous le nom de »ranch«., cela ne signifie pas obligatoirement qu'on y monte comme dans un western. Mieux vaut s'intéresser de près à ces centres au préalable pour voir comment les animaux sont traités et s'assurer qu'ils ne laissent monter personne à cheval sans s'être renseignés auparavant sur son niveau. L'auteur (qui monte elle-même) a essayé tous les centres présentés dans ce guide car il n'est possible de recommander un centre équestre que si l'expérience s'est révélée positive.

En voyage avec des enfants

Randonnées, visites de villes et de musées – autant de mots qui font généralement fuir les enfants dès qu'ils les entendent. De nombreux guides de voyage tentent de résoudre ce problème entre parents et enfants en regroupant dans deux pages sur deux cents les principales attractions pour les plus jeunes. C'est ici quasiment oublier les multiples possibilités de faire découvrir aux enfants une ville ou un musée d'une manière à la fois ludique et amusante. Ce guide spécial à vocation familiale est conçu pour faire plaisir à toute la famille et s'attache, de mille et une façons, à montrer comment les enfants peuvent prendre plaisir à découvrir le paysage et les nombreuses curiosités qui font la richesse de l'île. On trouve constamment dans différents chapitres des informations tout particulièrement intéressantes destinées aux enfants grâce auxquelles l'attraction qu'ils visitent leur apparaît encore plus attrayante. Dans les chapitres consacrés par exemple à la vi-

site de la préfecture, Ajaccio, ces renseignements complémentaires portent sur l'habitant le plus célèbre de la ville, à savoir Napoléon Bonaparte. Tous les enfants ont déjà entendu parler de lui, au moins une fois, et leur dire que cette personnalité s'est peut-être tenue au même endroit qu'eux autrefois est une manière de susciter leur intérêt. Les activités ici présentées sont destinées aux familles. Seuls les musées de l'île qui sont vraiment passionnants et surtout intéressants pour les enfants sont ici présentés, ce qui n'est pas le cas de tous les musées corses. Il s'agit naturellement de tous les musées liés à l'histoire mouvementée de l'île, aux Romains et aux fouilles. Inutile de préparer les enfants à la visite de musées d'art …
Les randonnées sélectionnées comportent généralement au moins une »attraction« pour les enfants. Qu'il s'agisse de franchir une rivière, de crapahuter près d'une cascade, de marcher jusqu'à un lac de montagne ou encore de suivre un sentier alpin bordant un précipice – tout cela est propice à éveiller leur goût de l'aventure et leur soif de découverte d'autant plus que les ennuyeux chemins forestiers et caillouteux sont exceptionnels.
Les villes incontournables sur l'île de Corse proposent également bien sûr toutes sans exception des sites intéressants pour les enfants : un aquarium marin par exemple, un site archéologique romain ou encore une promenade dans un adorable »petit train«. Les enfants n'auront certainement pas l'occasion de s'ennuyer !
Les plages corses attirent naturelle-

Une manière familiale de découvrir une ville : le petit train dans les étroites ruelles d'Ajaccio.

Les marmites de géant font concurrence à la mer : baignade, escalade et construction de barrages.

ment les enfants : inutile ici de leur proposer une petite »friandise« supplémentaire pour les attirer en bordure de mer.

Meilleure période pour voyager

Quelle que soit la raison d'un séjour en Corse, baignade ou randonnée, les mois de mai, juin et septembre sont les plus beaux mois pour partir en voyage. On peut se baigner dès début mai, la température de l'eau étant déjà assez douce pour pouvoir piquer une tête dans la mer. Même si les loueurs de transats, de parasols et de bateaux tout comme les boutiques de souvenirs, les cafés sur les plages et les piscines publiques ou certaines aires de camping naturelles sont encore fermés à cette époque, le printemps est une saison très agréable pour voyager. Tout est encore très calme et le charme »corse« opère au maximum. Il arrive même aux vacanciers de se retrouver seuls sur une plage. Sans oublier

le magnifique spectacle du maquis en fleurs. Au cœur de l'été en revanche, lorsque les Allemands, les Français et les Italiens sont en vacances l'île est littéralement envahie par les touristes. Il y fait très chaud et les prix des hébergements et des restaurants atteignent des sommets astronomiques.

En fin de compte, mieux vaut se rendre en Corse en fonction des activités prévues. En été par exemple, il peut faire très sec sur le littoral, mais les températures sont généralement douces voire même fraîches dans les vallées de montagne et en altitude au cœur de l'île. Au printemps (avril/mai), il n'est pas rare de voir encore de la neige. En automne en revanche, les forêts se parent d'un manteau multicolore et il est possible de se baigner sans problème dans la mer jusqu'à la mi-octobre. Entre octobre et avril, la baignade en mer est impossible et les précipitations sont fréquentes.

Organisation du voyage

Arrivée

Cette île méditerranéenne aux multiples facettes peut être rejointe de nombreuses manières. La plus confortable, mais assurément pas la moins chère et pas nécessairement la plus rapide, est de s'y rendre en avion. L'île, relativement petite, peut s'enorgueillir de posséder quatre aéroports bien disséminés sur le territoire corse : l'»Aéroport de Bastia-Poretta« sur la côte Est à 20 km de la grande cité portuaire de Bastia, l'»Aéroport de Ste Catherine« près de Calvi sur la côte Nord-Ouest pour les touristes, l'»Aéroport de Campo dell'Oro« sur la côte Nord-Ouest à 12 km d'Ajaccio pour les voyageurs et l'»Aéroport de Figari« dans le Sud à 24 km de Porto Vecchio.

Quelle que soit la destination, on est toujours proche de la région que l'on a choisie pour passer ses vacances. Il existe des vols directs depuis la France par exemple entre Calvi et Paris, Nice ou Marseille, entre Bastia et Nice ainsi qu'au départ de Strasbourg voire de Bâle/Mulhouse vers ces deux aéroports corses. D'autres villes plus lointaines sont également bien reliées à la Corse comme Bordeaux. Les possibilités de se rendre en Corse en avion depuis tous les coins de France sont nombreuses. Air France notamment propose de nombreux vols dont beaucoup sont directs. Ce luxe n'est toutefois pas à la portée de tous. En haute saison par exemple, il faut compter au moins 1000 euros pour une famille avec deux enfants de moins de onze ans. Il faut ajouter à ces frais d'avion également le coût d'une voiture de location car il est impensable de passer ses vacances en Corse sans pouvoir se déplacer librement.

Les touristes arrivent généralement en Corse avec leur voiture par le ferry.

Pour se rendre en Corse en famille, mieux vaut partir en voiture – c'est une manière plus individuelle de voyager et on a plus de liberté même s'il faut prendre le ferry pour rejoindre l'un des sept ports spécialement aménagés de l'île : Ajaccio, Porto-Vecchio, Propriano et Bonifacio dans le Sud-Ouest et Bastia, Calvi et L'Île Rousse pour le Nord. Les grandes compagnies maritimes sont Corsica Ferries, Mobylines et la S.N.C.M.

Corsica Ferries et Mobylines desservent la Corse depuis le continent français (Toulon et Nice) ainsi que depuis les ports italiens de Savone, Gênes et Livourne (en Toscane). Il n'y a toutefois de traversées régulières depuis Savone qu'à partir du mois de juin. La S.N.C.M. quant à elle dessert la Corse depuis les villes portuaires françaises de Marseille, Toulon et Nice ; elle fait aussi la navette régulièrement entre la Corse et la Sardaigne.

Des traversées nocturnes sont également proposées, ce qui non seulement permet d'éviter d'arriver la nuit au port mais donne aux enfants l'occasion de vivre une petite aventure – quoi de plus excitant que de passer une nuit dans la cabine d'un bateau et d'arriver le matin à destination.

Les prix que demandent les grandes compagnies de ferries pour la traversée sont à peu près les mêmes et la règle est identique pour toutes : mieux vaut réserver à l'avance pour avoir les meilleurs tarifs. Il existe ce que l'on appelle des »Flex Rates« qui sont ajustés à la demande et celle-ci est généralement faible plus la date du voyage est lointaine. Quoi qu'il en soit, mieux vaut comparer les prix sur Internet et consulter les différentes offres en fonction des ports de départ (informations sur Inter-

Les vacances commencent dès l'embarquement à bord du ferry.

net : www.corsica-ferries.fr, www.mobylines.fr, www.sncm.fr). Le site www.directferries.fr donne une vue d'ensemble des horaires actuels des ferries et des prix de chacun des prestataires, parmi lesquels se trouvent quelques petites compagnies maritimes. Il mentionne également les ferries qui desservent l'île et leur fréquence hebdomadaire.

Déplacements sur l'île

Il est indispensable d'être motorisé en Corse notamment parce que le réseau des moyens de transport en commun est loin d'être aussi dense qu'ailleurs. Certes, des cars circulent régulièrement mais généralement deux fois par jour seulement, sur des trajets déterminés et à des prix élevés. En outre, de nombreuses attractions touristiques sont très éloignées des axes fréquentés et déjà difficilement accessibles en voiture. Pour aller par exemple d'Ajaccio à Bastia, long trajet d'environ 5 h, mieux vaut prendre les fameux trains corses même s'ils ne desservent que quelques localités en comparaison. Les trains qui circulent sur certaines lignes ont su garder tout leur charme d'antan tandis que sur d'autres, comme par exemple entre Bastia et Corte, c'est une locomotive tout ce qu'il y a de plus moderne qui serpente audacieusement à travers les montagnes. Le train relie Bastia à Ajaccio, Calvi et Corte. Il fait également la navette entre L'Île Rousse et Calvi et dessert quelques belles plages (cf. p. 38). Voyager en train en Corse est une expérience pleine de surprises mais c'est aussi une manière extrêmement confortable de se déplacer. Inconvénient toutefois : aucun train ne circule dans le sud de l'île. Pour connaître les horaires détaillés, consulter sur Internet le site www.train-corse.com.

Pour se déplacer dans les agglomérations lorsqu'on n'est pas motorisé, il est possible de prendre les »Petits trains« mais ils n'existent que dans les grandes villes balnéaires. Généralement, ces Petits trains sont conçus pour faire visiter les villes aux touristes ou pour se rendre à une destination bien déterminée. Pratiques pour faire un peu connaissance avec la ville, ils ne sauraient constituer un moyen de locomotion approprié.

Hébergement

Tout comme il vaut mieux aller en Corse en voiture lorsqu'on a des enfants, mieux vaut aussi choisir un hébergement individuel. Certes, les agences de voyage et autres voyagistes de vente directe proposent des forfaits tout compris sous forme de séjours en villages de vacances, mais cette solution présente donc quelques inconvénients : location à la semaine avec demi-pension, vol et probablement une voiture de location. Il est toutefois dommage, sur cette île qui possède tant de facettes, d'avoir à respecter des horaires de repas fixes par exemple. Il est plus intéressant de partir à la découverte de la Corse par ses propres moyens d'autant que cette manière de voyager est plus compatible avec les besoins d'une famille. Vous pensez peut-être que débarquer en Corse avec un camping-car est la solution parfaite – détrompez-vous ! Les routes sont souvent très étroites et sinueuses, parfois même interdites à ce genre de véhicule. Mieux vaut également laisser la caravane sur place une fois au camping.

L'infrastructure au niveau de l'hébergement est taillée sur mesure pour les touristes individuels et les maisons à louer sont aussi nombreuses que les campings. Les hôtels également, quelle que soit la catégorie, ne manquent nulle part. Si vous n'arrivez pas à vous décider pour une destination précise sur l'île – tout le littoral est beau – alors

Les enfants sont les vedettes de la soirée au camping »Arinella Bianca« près de Ghisonaccia (cf. p. 150).

Le train moderne serpente au cœur des montagnes entre Bastia et Ajaccio.

n'hésitez pas à vous déplacer et à séjourner dans deux ou plusieurs endroits. Pour ce faire, la meilleure solution est d'opter pour des vacances sous la tente d'autant plus que la Corse possède d'innombrables campings dont beaucoup se situent directement sur la côte. Toutes les catégories sont ici représentées, d'une à quatre étoiles, comme par exemple les »aires naturelles« qui sont des campings très rustiques. La quasi-totalité des campings propose aussi de louer des petits bungalows ou encore des chalets en bois ou en pierre ce qui permet de profiter des joies du camping avec son atmosphère particulière et un bel emplacement sans toutefois avoir à dormir sous une tente.

Loin de la côte, on trouve outre des campings également des gîtes ruraux, généralement dans des fermes, mais aussi des gîtes d'étape équipés d'une kitchenette pour préparer les repas en bordure des grands itinéraires de randonnée. Les auberges de jeunesse sont rares, on en compte seulement quatre en tout, à Porto Vecchio, Propriano, Galéria et dans le monastère de Calacuccia.

Les locations dans toutes les catégories, avec ou sans piscine, en bordure de mer ou dans les montagnes, que ce soit des maisons particulières, des appartements ou dans un village de vacances, sont incroyablement nombreuses. www.homelidays.com, www.louezencorse.com ou encore www.villanao.fr par exemple proposent sur Internet de louer à des particuliers des hébergements pour toutes les bourses. Les locations proposées par les agences de voyage Interchalet ou Casamundo sont souvent beaucoup plus chères mais pas forcément plus confortables.

La tête de Maure

Vous la rencontrez pour la première fois dès que vous montez sur le ferry pour faire la traversée, par exemple sur le drapeau qui flotte allègrement sur le bateau, et elle ne cessera de vous suivre où que vous alliez durant votre séjour sur l'île : la »tête de Maure«. Cet emblème des Corses représente un homme de couleur noire sur fond blanc avec des cheveux crépus et un bandana blanc sur le front. Ce blason est considéré comme le symbole de la liberté du peuple corse mais l'origine de ce remarquable symbole reste floue et les légendes qui courent sur son compte sont nombreuses.

L'une d'entre elles raconte qu'au 13ème siècle un seigneur maure aurait fait captive une jeune fille Corse et l'aurait emmenée en Espagne. Cette jeune fille a déjà un fiancé sur l'île et celui-ci se lance alors à la poursuite de sa promise jusqu'en Espagne pour la sauver. Le seigneur maure envoie l'un de ses hommes de main pour s'en débarrasser, mais il perd. On raconte alors que le fiancé aurait brandi en l'air la tête décapitée du Maure en signe de triomphe.

Il est toutefois plus probable que cette fameuse tête symbolise l'indépendance de la Corse. À l'origine, le drapeau s'ornait d'une tête de Maure avec les yeux bandés et une boucle d'oreille. Le bandana et le bijou sont des symboles de l'esclavage dont la Corse tente de s'affranchir avec divers mouvements d'indé-

pendance. Le résistant Pascal Paoli (cf. p. 22) aurait apporté des modifications à cette enseigne dans le cadre de ses réformes en l'an 1762 pour qu'il symbolise la liberté : il relève alors le bandana sur le front et supprime la boucle d'oreille.

Il est possible aussi que ce symbole vienne d'un très ancien drapeau du 13ème siècle, époque à laquelle le pape tiraillé dans une lutte pour le pouvoir entre Pise et Gênes avait donné au Roi d'Aragon la charge d'administrateur de la Corse et de la Sardaigne. Le drapeau aragonais représente quatre têtes de Maure décapitées autour d'une croix de Saint-Georges rouge (comme celle du drapeau anglais).

Aujourd'hui, ce symbole orne surtout les produits corses : confitures, miel, liqueurs, vins et farine de châtaigne, fromage de lait de chèvre et de brebis, viande et charcuterie. De même, l'origine corse de certains produits de fabrication locale comme la boisson »Corsica Cola« est reconnaissable d'un simple coup d'œil grâce à ce symbole. La tête de Maure est l'emblème de la Corse et donc son effet de reconnaissance est particulièrement important. Les Corses eux-mêmes appellent d'ailleurs leur drapeau »La Bandiera Testa Mora« – »Le drapeau avec la tête de Maure«.

La mascotte de vos vacances : le Maure et son bandana.

Une histoire captivante

Certaines choses, comme le drapeau corse, croisent notre chemin régulièrement sur l'île et éveillent notre intérêt. Comme par exemple les noms de Pascal Paoli et bien sûr Napoléon Bonaparte mais aussi des expressions telles que désirs d'indépendance et domination génoise. »Qui était donc le maître de l'île avant qu'elle ne revienne à la France ? Et d'ailleurs, pourquoi est-ce qu'elle appartient à la France alors qu'elle est nettement plus proche de l'Italie ?« veulent savoir les enfants curieux.

Cette belle île de la Méditerranée a connu une histoire mouvementée qu'il est difficile de résumer en quelques mots. Nous estimons toutefois que tout visiteur, quel que soit son âge, devrait en connaître plus ou moins les grands épisodes. Ne serait-ce que pour mieux comprendre certains faits, monuments et savoir aussi pourquoi certains noms sont encore vénérés de nos jours en Corse.

Allons-y alors et commençons, comme toujours, par l'âge de pierre. Les trouvailles qui ont été faites prouvent que la colonisation de la Corse date déjà de 40 000 ans. Filitosa, dans le Sud de l'île, est la plus ancienne colonie jamais découverte. On suppose que ce site abritait vers l'an 6600 avant notre ère une population qui est venue remplacer les chasseurs et les cueilleurs. »La Dame de Bonifacio« n'est pas la sainte patronne de cette ville du Sud de l'île mais le squelette d'une femme d'environ 35 ans qui a vécu il y a environ 9000 ans (cf. p. 121). Les mégalithes, qui reviennent souvent dans les conversations en Corse, datent de la période entre 3500 et 1600 avant notre ère. Il s'agit de gros blocs de pierre, généralement bruts, que l'on trouve normalement dans les lieux de sépulture et de culte sur l'île. On rencontre aussi souvent des Torréens qui sont les créateurs de ces monuments en forme de tour connus sous le nom de »torri«. Ce type de construction existe en Corse depuis l'an 1600 avant notre ère et donc depuis l'âge de bronze.

Vers l'an 600 avant notre ère, des réfugiés d'origine grecque fuient l'Asie Mineure et s'installent en Corse où ils fondent l'actuelle ville d'Aléria sur la côte orientale. Trois bons siècles plus tard, Rome investit la cité, guerroie contre les habitants de l'île puis finit par soumettre la Corse (cf. p. 24). L'histoire connaît à nouveau quelques rebonds vers l'an 750 de notre ère lorsque des pirates pillent l'île, réduisent sa population en esclavage puis s'ins-

Le Castellu di Cucuruzzu est un lieu de culte de la culture torréenne.

L'île est un immense terrain de jeux, un eldorado pour les explorateurs.

tallent sur le littoral corse. Des généraux toscans interviennent aussi et tyrannisent la population. Cette époque est marquée par des guerres sanglantes.

L'île échappant apparemment à tout contrôle, le pape Grégoire VII la transmet au pouvoir pisan en l'an 1077. Le calme revient en effet quelque peu sur l'île mais lorsqu'un autre pape, un bon demi-siècle plus tard, partage l'île en deux pour en concéder l'une des moitiés à Gênes en tant que fief, les conflits éclatent entre Pisans et Génois pour conquérir l'île. La Corse devient finalement génoise à partir du 13ème siècle et le reste durant les cinq siècles qui suivent.

C'est de cette époque que datent de nombreux monuments qui sont encore aujourd'hui omniprésents et visibles, dans un état plus ou moins bien préservé, à travers toute l'île : des citadelles sont érigées pour se défendre, des miradors surgissent du sol, des routes sont aménagées et les ponts à arches typiques sont construits. Pour la population, c'est une période toutefois difficile car Gênes est fortement endettée et verse tous les revenus qu'elle tire de la Corse à la Banque génoise de Saint-Georges. Conséquences pour les Corses : la population est saignée à blanc et croule sous les impôts.

Nous nous approchons maintenant de l'histoire plus récente : 1729 est une année décisive car elle voit la naissance du mouvement de résistance corse. Les collecteurs d'impôts sont chassés – le peuple entre en rébellion. Après une erreur de personne – les Corses font d'un aventurier de Westphalie leur premier et dernier roi – Pascal Paoli apparaît pour la première fois sur la scène en 1755. Le peuple le nomme »général de la nation corse«. Il rédige une ébauche de constitution qui accorde au peuple le droit de disposer de lui-même et proclame Corte capitale de la Corse. Le monde entier applaudit à cette constitution – sauf la République de Gênes. Ignorant la situation, Gênes cède les droits de propriété sur la Corse à la France, suite à quoi Paoli déclare la guerre à cette dernière. Les Corses sont toutefois battus en 1769 près de Ponte Nuovo par les Français et Paoli est obligé de fuir l'île. La même année, Napoléon Bonaparte voit le jour à Ajaccio (cf. p. 94). Paoli revient sur la scène et chasse les Français de l'île avec l'aide des Anglais mais ceux-ci lui rendent la vie difficile et il doit encore une fois quitter la Corse. L'influence de Paoli sur l'île est aujourd'hui encore visible. Mis à part le fait qu'il est partout vénéré comme un héros, il s'est lui-même immortalisé dans ses bonnes actions : il fonde la seule université corse à Corte, il fait construire des écoles et assécher des marécages, il écrit aussi des lois que tous doivent respecter. Aujourd'hui encore, on l'appelle affectueusement »U Babbu di a Patria« (Le père de la patrie).

En 1798, la Corse devient un département français et donc l'un des 100 territoires administratifs de la France. Il faut attendre le 19ème siècle enfin pour que l'île abandonne la lutte contre les Français. À partir de cette date, l'influence de la France

La citadelle trône de manière impressionnante sur les rochers qui surplombent Corte.

ne fait que croître. Voilà la situation que l'on rencontre dès que l'on arrive en Corse.

MUSÉE À VISITER

Pascal Paoli a vu le jour en 1725 dans le Nord-Est de l'île. La maison où il est né a naturellement été transformée en musée, la »Maison natale de Pasquale Paoli«. On peut y voir des objets personnels de ce résistant comme par exemple des dessins, des livres, des manuscrits, des monnaies et des armes de son époque ainsi qu'une vidéo de dix minutes sur la vie de Paoli. Une petite chapelle se trouve à côté du musée – c'est là que sont conservées les cendres de Pascal Paoli dans une urne.

Heures d'ouverture : 1er avril au 30 septembre, tous les jours sauf le mardi 9–12 et 14h30–19h30 ; 1er octobre au 31 mars, tous les jours sauf le mardi, 9–12h et 13–17h. L'entrée coûte 2 €.

Au secours, les Romains arrivent !

À partir du 5ème siècle avant notre ère, la Corse vit sous le joug de Carthage et son littoral accueille Étrusques, Grecs et Carthaginois. La romanisation de l'île commence en l'an 259 avant notre ère avec la première Guerre Punique qui voit les Romains soumettre plusieurs tribus corses et conquérir la ville d'Aléria sur la côte orientale. Sa voisine, la Sardaigne, revient également aux Romains et c'est ainsi que ces deux îles de l'ancienne mer Tyrrhénienne deviennent en l'an 27 avant notre ère la province »Sardinia et Corsica«. Idéalement situées face à l'Italie, la Corse et la Sardaigne offrent un véritable bouclier de protection au continent contre des assaillants venant de l'Ouest.

Bien que les Romains restent sur la côte orientale corse jusqu'en 230 avant notre ère, leurs efforts pour soumettre complètement la population échouent. Les Corses se défendent avec ténacité contre l'oppression romaine. Il faut attendre l'arrivée de troupes envoyées en renfort par Rome pour mettre fin aux révoltes du peuple corse. Les occupants s'installent autour d'Aléria, se transforment en propriétaires terriens et exploitent la population locale. C'est ainsi que les Corses doivent leur remettre liège, miel et cire, verser des droits de navigation sur les rivières et de port ainsi qu'affermer aux Romains forêts, marais salants et mines.

La ville d'Aléria détruite durant la Guerre Punique est reconstruite en l'an 81 avant notre ère sur le modèle des cités romaines, c'est-à-dire avec un forum, un arc de triomphe, un temple, un aqueduc et des thermes. Elle devient la capitale romaine de la Corse et compte alors, paraît-il, environ 20 à 30 000 habitants. Les objets datant de cette époque qui ont été trouvés sont aujourd'hui exposés à Aléria au Musée Jérôme Carcopino ; les visiteurs

Les viaducs de ce style comme le pont de Mezzavia (près d'Ajaccio) témoignent de la présence romaine en Corse.

BONJOUR LES ENFANTS

Le petit village d'Aléria situé à peu près au milieu de la côte orientale est quasiment considéré avec ses 2000 habitants comme une ville »importante« dans cette région. L'histoire de ce gros bourg est aussi mouvementée que celle de sa forteresse : vers l'an 600 avant notre ère, les Grecs arrivent et fondent une ville commerciale. Plus tard, ils sont suivis par les Étrusques, les Carthaginois puis enfin par les Romains qui conquièrent la cité vers l'an 259 avant notre ère et la détruisent en grande partie. Les Romains entreprennent alors sur les ruines de cette ancienne ville commerciale la construction de la ville antique d'Aléria. Durant de nombreux siècles, elle est la capitale de la province romaine »Corsica«. Elle possède un port de guerre et un port commercial et elle compte jusqu'à 25 000 habitants ! Ce sont encore les Romains qui, indirectement, posent la pierre de fondation de la toute première église de l'île édifiée avec les pierres de l'ancienne cité romaine. En l'an 500 de notre ère, les Vandales attaquent Aléria, s'emparent de la ville et la détruisent presqu'entièrement. Les objets trouvés lors de fouilles archéologiques datent de l'époque romaine et racontent l'histoire de la ville antique avant sa destruction.

peuvent aussi contempler sur le site archéologique de la ville antique par exemple les ruines mises à jour de l'amphithéâtre (cf. excursion 31).

Les Romains construisent également la seule route réellement consolidée de toute la Corse le long de la côte orientale entre Piantarella à la pointe Sud de l'île jusqu'à Aléria. Une partie de cette route a été aussi mise à jour au Sud de Ghisonaccia.

Les nombreux pillages auxquels se livrent les Romains dans les villages corses nuisent aux relations entre Romains et Corses tout comme les enlèvements d'habitants qui sont ensuite vendus comme esclaves à Rome. Un préfet romain est délégué sur place pour gérer l'île. À l'origine, les Romains étaient censés administrer la Corse seulement en temps de guerre mais ils élargissent tout simplement cette mesure en créant cette nouvelle fonction contre la volonté expresse de la population corse, ce qui explique les révoltes qui ont lieu par la suite. C'est la guerre civile sur l'île.

Suite à des chamailleries entre les occupants romains eux-mêmes, la province autonome corse est fondée vers l'an 30 de notre ère, ce qui permet de séparer administrativement la Corse de la Sardaigne. Les deux siècles qui suivent sont comparativement paisibles. Durant cette époque, la gestion de la Corse échoue à plusieurs reprises à des fonctionnaires romains. La pression fiscale sur l'île ne cesse de croître à cette époque. Des immigrés s'installent en Corse tandis qu'on assiste à des mouvements migratoires. Ces deux facteurs forcent finalement Rome à abandonner le pouvoir qu'elle exerçait sur l'île, ce qui ne signifie pas toutefois que la Corse est enfin indépendante. En l'an 410 de notre ère en effet, l'île est conquise par les Wisigoths qui sont ensuite suivis, en 455, par les Vandales.

»Une véritable traînée de poudre«

Lorsque vous arrivez en Corse avec le ferry, votre attention est d'abord attirée sur le littoral par les tours génoises de 20 m de haut maximum sur environ 10 m de diamètre – du moins lors de leur construction. Réduites à l'état de ruines aujourd'hui pour la plupart, ces tours circulaires ventrues sont toujours mystiques. Seules quelques-unes peuvent être encore visitées comme par exemple celles de Porto et de Campomoro (excursions 11 et 21).

Mais pourquoi les tours sont-elles si nombreuses sur toute l'île ? Au 16ème siècle, alors que les Génois ont le pouvoir en Corse, les pirates nord-africains sont nombreux à sévir dans les environs, pillant tout ce qui leur tombe sous la main et enlevant des habitants corses pour les réduire en esclavage. Pour se protéger de ces raids, les Corses mettent alors au point un système de défense qu'ils appellent »Torregiana«. Il s'agit d'un chapelet de tours réparties à intervalles réguliers sur la côte. Les tours étant érigées pour la plupart à l'extrémité de petits caps, les guetteurs avaient une excellente vue sur la mer et les tours voisines. Les tours étaient occupées par deux à quatre guetteurs qui, dès qu'ils découvraient un navire hostile, allumaient sur la plateforme supérieure un feu visible depuis la tour voisine. Les guetteurs de celle-ci allumaient alors eux-mêmes un feu et la nouvelle se répandait d'une tour à l'autre comme une traînée de poudre autour de l'île. Toute la population avait ainsi le temps de se mettre à l'abri grâce à ce système qui revenait »moins cher« aux Corses que d'entretenir leur propre flotte de navires uniquement pour patrouiller sur la mer.

Ces tours étaient presque toutes rondes. Pour accéder à l'entrée située à 5 m de hauteur, il fallait emprunter des échelles comme le montre bien encore aujourd'hui La Tour Génoise près de Cargèse (randonnée 15). Si c'était nécessaire, les guetteurs pouvait remonter les échelles dans la tour, barrant ainsi l'accès à tout assaillant éventuel.

On estime à 150 au total le nombre de tours construites dont à peu près la moitié est encore plus ou moins bien préservée. Pour en savoir plus sur l'époque des pirates et sur ces assaillants venus de la mer, il suffit de visiter l'impressionnante exposition dans la Tour de Campomoro.

Il existe également quelques tours de défense carrées sur l'île (par exemple les tours de Porto, Pino, Morsiglia et Toga) mais elles datent d'une autre époque et elles ont été construites par les Pisans au 13ème siècle.

À gauche : La Tour de Porto.
À droite : La Tour de la Parata près d'Ajaccio est impressionnante.

Un festin pour Obélix

La Corse serait un véritable paradis pour ce Gaulois bien enrobé aux pantalons à rayures car son plat préféré est partout présent sur l'île. Des troupeaux entiers de sangliers trottinent en effet allègrement sur les chemins de randonnée. Des marcassins tètent leur mère en bordure de route sans se soucier des voitures qui passent. Il n'est pas toujours facile de distinguer s'il s'agit de sangliers »classiques« ou d'une sous-espèce du cochon domestique – mieux vaut donc se mettre d'accord sur un mélange des deux. Quoi qu'il en soit, ces animaux sont totalement inoffensifs. Même s'il vaut mieux être prudent lorsque vous rencontrez l'un de ces imposants mâles, ils ne prêtent généralement aucune attention aux touristes curieux et se contentent de continuer leur route d'un pas nonchalant comme s'ils en avaient depuis longtemps assez de ces envahisseurs curieux. Les »vrais« sangliers sont extrêmement farouches. Il est déconseillé de leur donner à manger car il est alors impossible de s'en débarrasser – ils sont en effet très voraces.

Les cochons ne sont pas les seuls animaux à se promener joyeusement en toute liberté sur le sol corse. On peut également voir en pleine nature bovins, chevaux, ânes, chèvres, moutons et poules. De gros troupeaux de vaches notamment peuplent souvent les régions de randonnée et suivent les randonneurs. En été, le spectacle de ces animaux en train de paître librement sur les prés paradisiaques autour du Lac de Nino en montagne (randonnée 33) est particulièrement impressionnant.

La faune et la flore de l'île sont protégées dans le »Parc Naturel Régional de la Corse« qui englobe plusieurs grandes forêts, vallées et chaînes de montagnes. C'est ici que vivent mouflons, cerfs, faucons pèlerins, tortues et salamandres – des animaux que l'on rencontre plutôt au zoo aujourd'hui. Si vous avez la vue perçante et un peu de patience, vous apercevrez des rapaces comme l'aigle royal et le gypaète notamment dans les massifs de haute montagne de l'île. Les chances sont assurément plus grandes de voir l'aigle pêcheur qui vit et niche principalement dans la Réserve naturelle de la presqu'île Scandola sur la côte occidentale (cf. p. 66). On compte environ 200 espèces de poissons différentes en bordure du littoral.

Avec un peu de chance, on peut également rencontrer des tortues terrestres et des tortues des marais. Les lézards des murailles et les salamandres sont beaucoup plus répandus. Les papillons sont très nombreux notamment au printemps. Et pour tous ceux qui ont peur des serpents, seules deux sortes de couleuvre vivent en Corse et elles sont inoffensives.

Les chenilles processionnaires du pin peuvent en revanche se révéler

Des vaches observent les randonneurs d'un œil amical.

Qui a peur de qui ?

un véritable fléau pour les randonneurs. Si vous avez été attentif en biologie à l'école, vous savez qu'elles représentent un certain danger. Même si vous trouvez que ces chenilles qui zigzaguent sur le sol de la forêt et qui forment une procession indestructible sont amusantes – ne les touchez pas ! Certains printemps, les chenilles processionnaires sont si nombreuses en Corse qu'elles peuvent rapidement transformer une randonnée en une véritable course d'obstacles car un simple contact avec la peau nue à travers les vêtements suffit pour provoquer ensuite des réactions allergiques. Si vous voulez faire une randonnée et que vous voyez de loin de petits sacs remplis de chenilles suspendus dans les arbres, mieux vaut peut-être changer d'itinéraire. En cas de contact, il est possible de trai-

Prudence lorsque ces disgracieux nids de chenilles sont suspendus un peu partout dans les arbres !

ter l'éruption cutanée avec une pommade à la cortisone achetée en pharmacie, mais mieux vaut éviter ce genre de désagrément.

Ce fléau ne s'abat pas sur la Corse tous les ans ; certaines années, on croise au maximum une ou deux processions sur le sol en forêt, mais il peut arriver que les chemins en soient littéralement bordés.

Vacances en famille dans le Nord-Ouest

Le Nord-Ouest de la Corse est difficile à délimiter clairement car il passe sans transition à la région de la côte Ouest. Le présent guide s'intéresse ici aux villes portuaires de L'Île Rousse (excursion 1) et de Calvi (excursion 6) sur la côte ainsi qu'à la fertile Balagne dans l'arrière-pays de ces deux cités. La Vallée de l'Asco (excursions 3, 4, 5) voisine avec la Balagne au sud puis le paysage change, cédant la place aux hautes montagnes du centre de la Corse.

Alors que la solitaire Vallée de l'Asco propose aux vacanciers un pont génois bien conservé, un village de tortues, des randonnées pour tous ainsi qu'un petit avant-goût alpin, la Balagne (randonnée 2, Monte Tolu) est une région montagneuse avec des bourgs qui valent réellement le étour. Le petit village d'artisans de Pigna est aussi joli que celui, mystérieux, de Sant' Antonio dans les montagnes. Le changement de décor est radical dès qu'on arrive dans la Vallée du Fango au sud de Calvi (excursion 9). Ici, la monotonie est rompue surtout par la rivière qui a donné son nom à la région – soit lors d'une randonnée pas comme les autres dans le lit du Fango, soit en se baignant dans l'eau cristalline. Ce tour d'horizon s'achève par la Forêt de Bonifatu (randonnée 8) qui offre elle aussi un extraordinaire contraste avec les deux vallées. La marche, l'ombre des arbres et une merveilleuse rivière attirent ici lorsqu'il fait très chaud en été de nombreux habitants de Calvi à seulement quelques kilomètres.

Un simple coup d'œil suffit pour voir que les terres du littoral sont fertiles dans le Nord-Ouest : les oliveraies et figueraies alternent ici avec les plantations d'agrumes et les raisins sont considérés comme les meilleurs de l'île. Cette région est appelée à juste titre le »jardin de la Corse«.

Vue grandiose depuis le sommet du Monte Tolu (randonnée 2).

Une plage qui sort un peu du commun : la Plage d'Argentella (cf. p. 55) couverte de galets polis.

Outre l'agriculture, le tourisme est une activité très prospère notamment grâce aux extraordinaires plages de sable qui jalonnent l'île. Ceux qui sont d'avis que les plages urbaines manquent totalement de charme réviseront leur jugement à la vue de celles de Calvi et de L'Île Rousse tout comme d'ailleurs ceux qui pensent que le Nord de l'île ne peut pas soutenir la comparaison avec le Sud ou d'autres régions de la Corse. Les plages de sable s'étalent souvent sur de longs kilomètres, entrecoupées régulièrement de criques pittoresques propices aux baignades en solitaire dans une mer calme et plate. Point commun de toutes ces plages : l'incroyable clarté et les merveilleux reflets turquoises de la Méditerranée.

Les plages de sable se succèdent en commençant au Nord-Est de L'Île Rousse puis en continuant par les villes de L'Île Rousse, d'Algajola et jusqu'à Calvi dans le golfe du même nom. Il y en a pour tous les goûts et les plages sont toutes plus belles les unes que les autres.

Traversée de ruisseau dans la Forêt de Bonifatu (randonnée 8).

Les plages du Nord-Ouest

Plage d'Ostriconi

L'endroit où la rivière Ostriconi se jette dans la mer sur la plage du même nom ressemble à une forêt vierge. Solitaire et isolée, la baignade a ici un goût d'aventure. La superbe plage de sable clair se blottit à l'abri du vent dans l'Anse de Peraiola. Caractéristique particulière ici : les dunes plantées de genêts.

Arrivée : La plage se trouve à environ 12 km de L'Île Rousse. Suivre la N 197 vers l'Est puis tourner à gauche dans la D 81 juste avant la plage après un virage serré sur la droite. Se garer en bordure de route et parcourir à pied les quelques mètres qui restent.

Plage de Lozari

Pas de doute, l'eau vert émeraude et le sable fin et blanc donnent à cette plage un petit air de paradis perdu. Longue de 1,5 km, elle est suffisamment grande pour tous en haute saison même si elle attire plutôt les familles avec des enfants car la mer y est peu profonde. Activités nautiques possibles. Village de vacances juste derrière la plage.

Arrivée : À 7 km environ à l'Est de L'Île Rousse, suivre la route qui se détache à gauche de la N 197 juste avant Lozari et descend directement à la plage.

L'Île Rousse Plage

La séduisante plage de sable blanc de la cité portuaire s'étend dans une anse de mer bleu turquoise juste derrière la promenade, légèrement décalée par rapport au centre. Accessible à pied, cette étendue sablonneuse est idéale pour les jeunes enfants d'autant plus que l'infra-structure environnante permet d'acheter à boire et à manger à longueur de journée. En été, l'étroite bande de sable entre mer et promenade est prise d'assaut.

Arrivée : La plage commence à l'extrémité Est de L'Île Rousse et s'étend parallèlement à la N 197 sur 1 km de long direction Est. Plusieurs accès depuis la route.

Plage Bodri

Vous préférez peut-être une plage naturelle ? Alors parcourez les quelques mètres qui séparent L'Île Rousse de la tranquille Plage de Bodri. Des rochers et des écueils délimitent l'étendue de sable fin et clair bordée d'une mer vert émeraude. Un petit sentier à travers les fourrés de maquis conduit en quelques minutes à la plage un peu dissimulée en contrebas.

Arrivée : Suivre depuis L'Île Rousse la N 197 sur environ 2 km vers Calvi.

Plage d'Algajola (d'Aregno)

La plage de sable voisine direction Calvi est un peu plus animée. La Plage d'Algajola bordée directement sur plusieurs kilomètres de pizzerias, de snack-bars et de bungalows est aussi un paradis pour les surfeurs. Les vagues étant souvent hautes, elle n'est conseillée qu'aux familles avec des nageurs entraînés. Le saut depuis les rochers dans l'eau turquoise est également déconseillé aux jeunes enfants. Le bourg d'Agajola s'étire le long de la plage avec ses magasins, ses bars et ses restaurants.

Arrivée : La plage est accessible en plusieurs endroits depuis la N 197 qui relie L'Île Rousse à Calvi. L'Île Rousse est à environ 7 km et Calvi à 15 km à peu près.

La plage d'Algajola est longue avec des vagues souvent très hautes.

Plage Arinella

La Plage Arinella près de Lumio est plus calme quant à elle. Cette anse pittoresque est encadrée de rochers qui offrent un vaste champ d'activités aux enfants. Le restaurant »Le Mata Hari« se trouve directement sur la plage de sable. Possibilité de pousser en allant vers la tour génoise jusqu'à l'une des petites criques de sable grossier. La mer, plate ici, est idéale pour les jeunes enfants. Si le ressac n'est pas trop important, on peut également faire d'intéressantes découvertes en nageant sous l'eau avec un tuba.

Arrivée : Depuis le centre de Calvi, suivre pendant environ 5 km la N 197 direction L'Île Rousse. Arrivé au panneau »San Petru Restaurant«, prendre la route qui bifurque au-delà des rails jusqu'à un grand parking.

Plage Calvi

La plage de la ville de Calvi est idéale pour les jeunes enfants car la mer est ici peu profonde. L'étroite bande de sable fin avec vue sur la citadelle s'étale idylliquement sous les pins, grâce à quoi tout le monde peut trouver de l'ombre. Elle commence à l'Est de la citadelle et s'étire sur 5 km en bordure de la ville. Les véliplan-chistes volent ici sur les flots tout comme les bateaux de tous genres ; les bars de plage et les kiosques sont suffisamment nombreux et il est possible de louer des parasols et des transats. Pour avoir de »vraies« animations de plage, aller se baigner à Calvi. Le petit train passe en serpentant derrière l'étendue sablonneuse et fait halte à l'arrêt »Lido Plage« en bordure de plage.

Arrivée : Divers sentiers se détachent de la N 197 qui longe le cordon de sable et conduisent à la plage et aux parkings.

Golfe de Galéria

La rivière Fango se jette ici dans la mer, ce qui veut dire que vous avez le choix entre un saut dans le cours d'eau ou un bain dans la mer. La plage dans la baie est longue, large et couverte de graviers. Vous trouverez quelques endroits magnifiques et isolés si vous marchez jusqu'au bout de la plage. Le ressac peut être parfois très bon sur la Plage du Fango.

Arrivée : Suivre le prolongement de la D 351 en provenance des terres vers la côte jusqu'à la tour de garde. Se garer ici et rejoindre la mer par le sentier à travers la colline et le Fango.

1

La vitalité du Nord

L'Île Rousse, ville côtière truculente   dès 4 ans

La ville portuaire de L'Île Rousse sur le littoral Nord de la Corse est différente et impossible à comparer avec les autres grandes villes de Corse ne serait-ce que parce qu'elle vit à un rythme particulier. La cité est toujours animée, même en dehors de la saison touristique. Cela n'est pas surprenant puisque c'est à L'Île Rousse qu'on enregistre le nombre de jours d'ensoleillement le plus élevé par an de toute la Corse, ce qui attire de nombreux touristes. Les gens du crû ont également l'air d'être »différents« du reste de la population. D'un tempérament plutôt méridional et tranquille dans les villes sur la côte Sud et Ouest, les citadins de L'Île Rousse font preuve d'une activité fébrile. Peut-être parce que cette ville est la plus jeune de Corse ?

INFOS EN BREF

Arrivée : Suivre la N 197 entre Ponte-Leccia et la côte puis longer le littoral pour rejoindre directement L'Île Rousse. Calvi est à 24 km au Nord-Est, Ponte-Leccia dans les terres à 40.

Âge : À partir de 4 ans.

Durée de la visite : 1 à 2 jours.

Renseignements : Office de Tourisme de L'Île Rousse, Av. Joseph Calizi, BP42, 20220 L'Île Rousse, tél. 04 95 60 04 35, www.balagne-corsica.com, e-mail: info@ot-ile-rousse.fr. Horaires d'ouverture : lundi au vendredi 9–12h et 14–18h, samedi 9h30–12h.

Équipement : Chaussures confortables et protection contre le soleil.

Restauration : La Place Pasquale Paoli est bordée de plusieurs petits et grands restaurants, crêperies et glaciers. Entre la place et la presqu'île, les restaurants, souvent aussi extérieurs, abondent dans les étroites ruelles.

Hébergement : Le camping »Le Bodri« est situé à la sortie de L'Île Rousse direction Calvi (arrêt de la ligne de Balagne ; 20226 L'Île Rousse Corbara, tél. 04 95 60 10 86, www.campinglebodri.com), directement en bordure d'une belle plage. Des eucalyptus et des pins parasols ombragent les 7 hectares de terrain. Aire de jeux pour enfants, petit magasin d'alimentation et pizzeria. Le centre-ville de L'Île Rousse est à 3 km. Entre le centre et la plage de la ville de L'Île Rousse, le »Camping Les Oliviers« offre l'ombre de ses pins et oliviers (20220 L'Île Rousse, tél. 04 95 60 19 92, www.campingoliviers.com). Location de chalets en bois possible également. Snack-bar, pizzeria et terrain de jeux dans le camping.

L'Île Rousse est une ville qui explose dans tous les sens, ce qui rend ses abords très peu plaisants. Les villages de vacances surgissent du sol comme des champignons, mais le **centre-ville** a toutefois conservé un grand charme. Les petites ruelles sont tracées en échiquier et bordées de cafés, restaurants et boutiques de souvenirs. La ville est générale-ment très animée jusque très tard le soir lorsque les petites ruelles sont joliment éclairées. À voir notamment ici, la **presqu'île** rouge ocre située juste en face. Une digue la relie à la »terre ferme« et mène directement aux vieux quartiers de la station balnéaire. Dans la lumière du soleil couchant, les porphyres s'enflamment d'une couleur rouge

L'île face à la ville lui a donné son nom.

sang et offrent un admirable spectacle naturel auquel L'Île Rousse doit d'ailleurs son nom. Cet étonnant coucher de soleil est particulièrement beau depuis la digue, mais il est possible également d'escalader les rochers à côté du port et d'admirer depuis une hauteur cette fascinante transformation des couleurs avec, en toile de fond, le **Phare de Piétra**, l'une des curiosités de L'Île Rousse. Le phare est malheureusement fermé au public mais on peut se garer sous la tour génoise à côté du port des ferries et y monter à pied en se promenant. Un feu a été allumé pour la première fois ici en 1857. Ce phare mérite le détour car il est rare d'en voir un vrai d'aussi près. Les rochers descendent abruptement dans la mer en contrebas de la tour tandis que des mouettes tournoient dans le ciel.

La vie à L'Île Rousse se déroule en dépit de la presqu'île qui lui a donné son nom autour de la place du marché ombragée, la **»Place Pasquale Paoli«**, au milieu de laquelle trône un buste du résistant et fondateur de la ville. Une inscription affectueuse le désigne comme le père de la nation et le vénère pour le combat qu'il a mené contre l'oppression. C'est de cette place que part le charmant **»Petit train«** que l'on retrouve dans toutes les grandes villes de la Corse. Le vendredi, la place accueille un très beau marché hebdomadaire qui réserve plein de surprises aux enfants et dans lequel ils adorent fureter. Même lorsque ce n'est pas jour de marché, les petits vacanciers peuvent faire un tour de manège sur cette place. Autre attraction ici : le marché couvert avec ses arcades et ses colonnes qui est ouvert le matin. Tous les joueurs de pétanque se retrouvent tout près de là et on peut les regarder jouer longuement.

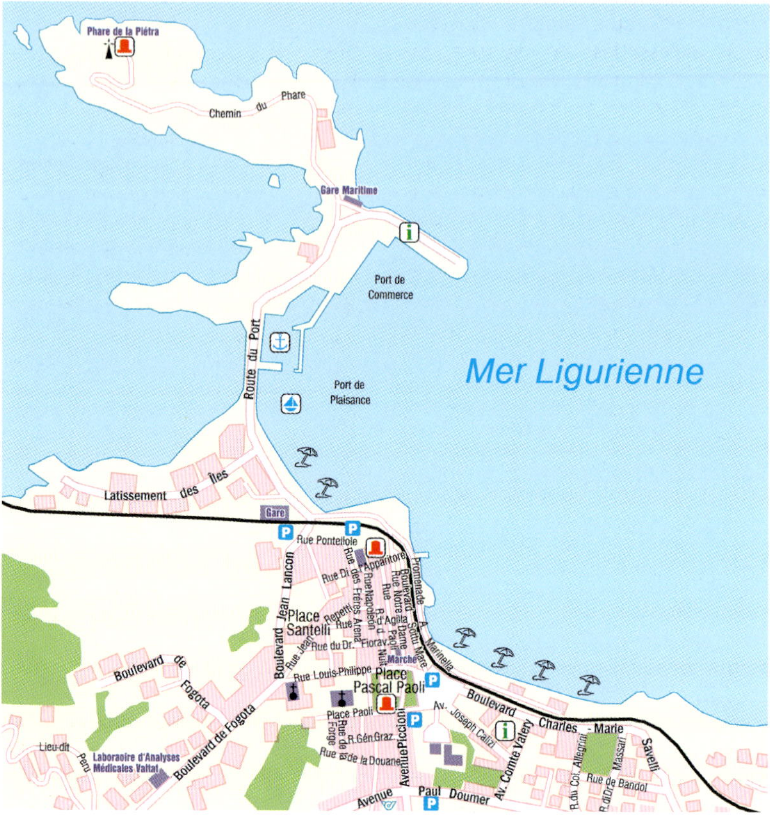

Phare de la Piétra

Chemin du Phare

Gare Maritime

i

Port de Commerce

Mer Ligurienne

Route du Port

Port de Plaisance

Latissement des Iles

Gare

P   Rue Pontelole

Rue di Aparitorio

Rue Notre Dame

Boulevard Jean Lancon

Rue Dpr. Frédéric Arene

Rue d'Agilia

Place Santelli

Rue du Dr. Fiorav

Rue Louis-Philippe   Place Pascal Paoli

P

Boulevard de Fogota

Place Paoli

Rue de R.Gén Graz

Rue de la Douane

Boulevard de Fogota

Lieu-dit

Laboratoire d'Analyses Médicales Vallat

Avenue Picciotti

Av. Joseph Calizi

Av. Comte Valery

Boulevard Charles - Marie

R. du Col. Malaspi

R.d'Olmo

Rue de Bandol

Savelli

i

Avenue Paul Doumer   P

Franchissez ensuite les rails pour rejoindre directement la magnifique plage de la ville. Le sable en bordure des flots turquoises est fin et clair

mais la plage proprement dite n'est qu'un étroit cordon. Prise d'assaut par une multitude de baigneurs en plein été, mieux vaut alors emprunter la promenade »de la Marinella« jusqu'à la plage située à l'Est. Avec ses restaurants, bars et pédalos de location, elle a aussi tout ce qu'il faut pour passer une excellente journée au bord de la mer. À l'écart de la ville, cette plage n'est pas aussi fréquentée que l'autre et elle est plus grande.
Cela ne veut pas dire qu'il n'existe aucune autre possibilité dans cette

L'Île Rousse possède elle aussi son »Petit train«.

région. Plusieurs plages superbes sont accessibles en voiture en quelques minutes seulement (cf. p. 34) ou tout simplement en prenant ce que l'on appelle le **»Tramway de Balagne«**. Il s'agit d'un autorail corse spécial, un petit train pittoresque, qui transporte en peinant et en cahotant les passagers entre L'Île Rousse et Calvi. Il mérite bien son surnom d'»U Trinighellu« – »le tremblotant«. L'impression d'être au Far West est tellement forte pendant que l'on traverse de merveilleux paysages dans ce train brinquebalant qu'on ne se serait pas étonné de se faire soudain attaquer par des Indiens. Le train s'arrête à toutes les plages entre les deux grandes villes côtières. Vous pouvez descendre et monter où bon vous semble mais n'oubliez pas que le train ne fait pas souvent l'aller et retour entre les deux villes pendant la journée (sept fois par jour jusqu'au début juillet, deux ou trois plus ensuite jusqu'en septembre en fonction de l'affluence). Le trajet, même sans s'arrêter à l'une des plages, est une expérience mémorable notamment pour les jeunes enfants. Lorsque vous voulez visiter

PARC DE SALECCIA

Le Parc de Saleccia (sur la N 197 direction Est) est à quatre kilomètres seulement de L'Île Rousse. Ce parc méditerranéen de sept hectares au cœur du maquis corse est un lieu magique dans lequel les promeneurs peuvent se balader selon leur humeur et leur envie sur le sentier romantique, le sentier sauvage ou dans la vallée des lauriers roses. Les enfants peuvent se défouler dans un grand terrain de jeux joliment situé. Petit restaurant et kiosques (boissons).

Horaires d'ouverture : Début avril à mi-octobre 9h30–19h, dimanches et jours fériés 10–19h, lundi et samedi 14–19h, juillet et août tous les jours 10–19h30.

Tarifs : Adultes 8 €, enfants et adolescents de 5 à 18 ans 6 €, billets famille pour deux adultes et deux jeunes enfants 23 €.

Calvi en partant de L'Île Rousse, c'est beaucoup plus amusant d'y aller avec ce train qu'en voiture même si c'est un peu plus cher (adultes 5,40 €, aller/retour 8 €, enfants 1,80 €, aller/retour 3,60 € ; dernier départ de Calvi à 19h41, de L'Île Rousse à 20h46).

BONJOUR LES ENFANTS

Est-ce que vous savez par hasard d'où vient le nom de la ville de L'Île Rousse ? On l'appelait autrefois Paoliville ou Paolina à cause encore une fois de Pascal Paoli, le fameux résistant. Il paraît qu'il a fondé cette petite ville de Balagne en 1759 pour faire contrepoids à Calvi près de là sur la côte et qui était autrefois aux mains des Génois. Elle a pris le nom français de L'Île Rousse pendant la Révolution française mais aujourd'hui encore, ses habitants refusent cette appellation. Vous vous en rendrez compte notamment si vous regardez les panneaux routiers sur lesquels est toujours écrit »Isula Rossa« – nom corse de »l'île rousse«.

2

Poste d'observation sur la Balagne

L'ascension du Monte Tolu (1332 m)

dès 6 ans

La cohabitation mer-montagne, si typique de la Corse, est rarement aussi flagrante que dans la Balagne. Il est possible en effet de passer en l'espace de quelques minutes de la plage avec ses châteaux de sable et ses plaisirs nautiques à l'ascension d'une montagne de 1300 m d'altitude sans s'éloigner trop de la mer. Partir à l'assaut d'un sommet de quelque importance, voilà de quoi motiver les enfants, d'autant plus que la vue qu'il offre sur les collines de la Balagne et la mer avec ses petites villes côtières ne laisse personne indifférent. Les randonneurs de tous âges contemplent avec étonnement et respect ce paysage qui semble s'étendre à perte de vue. Le but de la randonnée toutefois, le sommet du Monte Tolu, n'est pas le seul point de vue durant le parcours car le chemin qui y mène est déjà riche en panoramas sans pareils.

INFOS EN BREF

Départ : Le col Bocca di a Battaglia, 1101 m.

Arrivée : Emprunter la route côtière N 197 puis prendre à L'Île Rousse la D 63 direction Costa et Speloncato. L'étroite petite route de montagne vers Pioggiola jusqu'au col Bocca di a Battaglia bifurque à gauche juste après Speloncato et monte en serpentant sur environ 6 km jusqu'au grand parking près du snack-bar au col.

Difficulté : Randonnée en grande partie sans difficulté avec deux passages d'escalade exigeant un pied sûr. L'itinéraire est balisé en orange. Pas d'ombre !

Âge : À partir de 6 ans.

Temps de marche : 3h30.

Longueur : 7,1 km.

Dénivelée : 300 bons m à la montée et à la descente.

Équipement : Chaussures de montagne, protection contre le soleil, jumelles éventuellement.

Restauration : Possibilité d'acheter une glace en guise de récompense au refuge au col. Sinon, très jolis restaurants et cafés dans la proche bourgade de Speloncato.

Hébergement : Nombreux campings sur la côte dans le nord entre L'Île Rousse et Calvi, la plupart directement en bord de mer. Par exemple »Les Oliviers« (cf. p. 36) à L'Île Rousse et »La Pinède« (cf. p. 52) à Calvi.

Inutile d'attendre le sommet pour avoir des vues fantastiques.

Les vaches observent avec attention votre arrivée.

Arrivé au col **Bocca di a Battaglia** (1), vous pénétrez dans des pâturages dès le franchissement d'une barrière. Vous rencontrez chemin faisant des vaches en train de brouter qui vous observent puis vous empruntez un étroit sentier montagneux bordé de maquis qui monte légèrement sur une croupe. Distinct de bout en bout, il est également bien balisé ce qui est très utile notamment lorsqu'il s'agit de grimper juste avant d'atteindre le Monte Tolu. Avant d'en arriver là, continuez à marcher vers l'Ouest. Une fois au col **Bocca di Croce d'Olu** (4), vous croisez l'itinéraire de grande randonnée L'Île Rousse – Corte. Sinon, aucun risque de vous tromper aux bifurcations. Le chemin ne monte pas constamment mais alterne montées et descentes à travers un paysage sans cesse changeant. Aucune ombre par contre sur le plateau où vous marchez. Évitez donc de partir aux heures les plus chaudes de la journée. La vue est si claire que cette randonnée est faisable sans problème en soirée mais le refuge au parking ferme tôt et ce pourrait être juste pour acheter la glace promise après la randonnée. Avant d'atteindre un petit col juste avant le Monte Tolu, il vous faut

BONJOUR LES ENFANTS

Ce qui depuis le sommet du Monte Tolu a l'air aussi mystérieux qu'un nid d'aigle perché sur un piton rocheux n'est autre que Speloncato, petit village de Balagne. Le nom du bourg avec ses ruelles étroites, ses chiens errants et ses passages apparemment trop exigus pour les voitures, vient du mot »Spelunca« qui signifie »grotte« en corse. Speloncato a été ainsi baptisé à cause de la pierre percée d'un gros trou dans le versant face au village. Ce trou est bien visible depuis la petite ruelle à droite de l'église. La place pittoresque du village avec une fontaine est l'endroit idéal pour observer les gens tout en dégustant une glace.

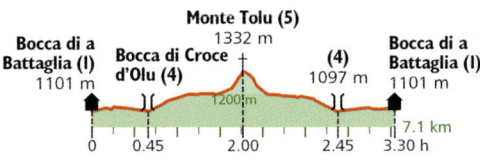

d'abord franchir le premier des deux **passages d'escalade**. Vous devez alors crapahuter en bordure de dalles rocheuses et d'éboulis le long du versant sous l'œil critique des vaches en train de brouter sur la croupe. Après un dernier tronçon plat avec une vue fantastique sur la mer, vous abordez enfin l'ascension finale du Monte Tolu. Suivez pour commencer le versant Sud jusqu'à un couloir dans lequel vous gravissez la montagne sur la gauche en surmontant une dénivelée de 50 bons m. Après un dernier petit col rocheux, il faut grimper à quatre pattes pour la plus grande joie de toutes les petites »chèvres de montagne« et vous atteignez enfin le sommet. Vous avez l'impression de voler quand vous contemplez autour de vous le panorama depuis le sommet du **Monte Tolu** (5). Vous voyez le chemin que vous avez suivi pour monter ici ? Où est L'Île Rousse ? Vous apercevez Calvi à l'Ouest lorsque la vue est claire ? Et vous ne trouvez pas que Speloncato ressemble à un nid d'aigle d'ici en haut ? Au Sud, le Monte Padru montre son nez avec, derrière, le massif du Monte Cinto.

De retour au col Bocca di a Battaglia, reprenez le chemin de l'aller. Vous n'aurez pas le temps de vous ennuyer au retour car pressés d'arriver au sommet dans la montée, vous n'avez peut-être pas remarqué certaines choses qui vous sautent aux yeux maintenant. Comme par exemple la mystérieuse **cabane en pierre** (3) à droite dans laquelle on peut se cacher pour faire peur au reste de la famille. Ou qui a vu à l'aller la **sculpture en marbre** (2) avec les mains jointes ? Allez donc la voir d'un peu plus près et lorsque vous serez là, vous apercevrez bientôt le parking et le refuge.

Il faut être doué pour l'escalade ici et avoir du flair pour trouver le bon chemin.

3 La patrie de la tortue corse

»Le Village des Tortues« dans la Vallée d'Asco   **dès 2 ans**

Lorsqu'on parle en Corse du parc des tortues, on pense généralement au parc »A Cupulatta« entre Corte et Ajaccio (excursion 39). Beaucoup de gens oublient ou ne savent pas qu'il existe un autre joli petit parc, un peu à l'abri des regards, dans la Vallée d'Asco. Probablement parce les espèces représentées sont plus nombreuses dans le parc »A Cupulatta«. Dans le »Village des Tortues« en revanche, on fait la connaissance de la »tortue d'Hermann«. Vivant normalement en pleine nature, elle est considérée comme la tortue corse typique.

INFOS EN BREF

Arrivée : Suivre depuis L'Île Rousse la route côtière N 197 direction Ponte Leccia. Juste avant d'y arriver, tourner à droite dans la D 147 vers la Vallée d'Asco

(panneau »Haut-Asco«). La bifurcation vers Moltifao est environ 8 km plus loin. Le »Village des Tortues« est bien indiqué et se trouve directement sur la D 147.

Âge : À partir de 2 ans.

Horaires d'ouverture : À partir de début mai du lundi au vendredi (sauf jours fériés) 9h30–12h et 14h–16h30. Ouvert sans interruption en juillet et août ! Fermé à partir de fin septembre. Téléphoner pour des visites guidées en dehors des heures d'ouverture (tél. 04 95 47 85 3 ou 06 71 66 43 69).

Tarifs : Adultes 5 €, enfants 2 €.

Durée de la visite : 1 à 2h.

Restauration : Bars et restaurants à Moltifao.

Hébergement : Le camping »Tizzarella« (20218 Moltifao, tél. 04 95 47 83 92) dans la Vallée d'Asco près de Moltifao. Situé au bord de la rivière et doté d'une piscine, c'est un endroit idyllique et idéal pour les familles. Bar et restaurant sur place. Le camping »E Canicce« (20218 Moltifao, tél. 04 95 35 16 75, www.campingecanicce.com) est également près de la rivière. Location de charmants bungalows en pierre ici.

Le parc accro-branches dans la Vallée d'Asco (excursion 10b) ainsi que la Maison du Mouflon et de la Nature (randonnée 5) ne sont pas loin de ces deux campings.

Un petit parc de tortues très intéressant dans la Vallée d'Asco.

La »tortue d'Hermann« est la tortue corse typique.

Le petit Village des Tortues administré par le parc naturel corse se situe à proximité de la jolie Vallée d'Asco. L'exposition se consacre principalement à la protection de la tortue d'Hermann et s'est fixé pour objectif de les sauver de l'extinction. Cette tortue particulière qui existe maintenant depuis plus d'un million d'années est considérée comme un fossile vivant. C'est la dernière espèce de tortues terrestres encore connue aujourd'hui en France et elle ne vit que dans le Massif des Maures (Sud de la France) et en Corse.

Le parc à Moltifao permet aux visiteurs d'entrer dans le monde fascinant de ces petits animaux à carapace. Ils découvrent également ici le mode de vie, les exigences écologiques et les moyens de préserver cette espèce. L'objectif du site est d'élever des tortues en semi-captivité avant de les réintroduire en milieu naturel pour assurer la préservation de l'espèce.

En plein été, mieux vaut visiter le Village des Tortues le matin ou l'aprèsmidi car elles fuient la chaleur de midi et se cachent. Un sentier de découverte mène aux divers enclos et stations.

RANDONNÉE À FAIRE

Le »Sentier de Découverte Tizzarella« propose une mystérieuse randonnée autour du Village des Tortues, derrière le parc et la petite maison en pierre. Un gros panneau marque le point de départ : une tortue indique le chemin à suivre et explique au randonneur curieux qu'il va découvrir une foule de choses lors de sa promenade. Il pénètre alors dans une véritable forêt enchantée jalonnée de pieux avec des pancartes qui lui en apprennent plus sur les plantes et les particularités des alentours. Elles racontent aussi des mythes et des légendes, mais mieux vaut ne pas en dire trop …

Le circuit simple dure environ 1 h après quoi les randonneurs fatigués peuvent se baigner dans de merveilleuses piscines naturelles dans l'Asco à environ 1 km après le parc vers la vallée. Vous ne pouvez pas vous tromper, il y a un parking sur la droite (plein en été).

4 # Promenade et baignade

Le Pont Génois dans la Vallée d'Asco   dès 3 ans

Les ponts génois sont aussi nombreux que les tours génoises en Corse. À chaque rencontre, on dit que c'est le plus connu et le plus beau de tous, des qualificatifs qui s'appliquent également au Pont Génois d'Asco. Posé élégamment au-dessus de la rivière, à l'écart de la route, il est agréable de s'y promener tout comme de s'y baigner.

INFOS EN BREF

Départ : Le village de montagne d'Asco, 620 m, dans la vallée du même nom.

Arrivée : Suivre depuis L'Île Rousse la route côtière N 197 direction Ponte Leccia. Juste avant d'y arriver, tourner à droite dans la D 147 près du Ponte Rossu vers la Vallée d'Asco (panneau »Haut-Asco«). Asco se trouve à tout juste 17 km de ce carrefour.

Difficulté : Promenade facile avec une montée au retour jusqu'au village.

Âge : À partir de 3 ans.

Temps de marche : 1h.

Longueur : 1,7 km.

Dénivelée : 100 m à la montée et à la descente.

Équipement : Chaussures de montagne ou sandales de trekking, maillot de bain et pique-nique.

Restauration : Bars et restaurants rustiques servant des spécialités corses à Asco.

Hébergement : Le camping »Monte Cinto« (cf. p. 48) dans la Vallée d'Asco entre le village d'Asco et le Plateau Ascu-Stagnu (Haut-Asco) dans un merveilleux site. C'est un excellent point de départ pour partir à la découverte de la Vallée d'Asco.

À savoir : L'une des spécialités de la Vallée d'Asco est le miel. Ce produit délicieux est vendu ici dans toutes les saveurs possibles et imaginables. Dégustation possible dans le premier bar à Asco. Beaucoup de gens vont au village uniquement pour acheter du miel !

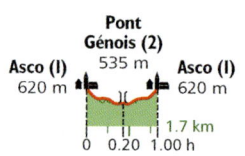

Garez votre voiture dans le village d'**Asco** (1) qui vaut déjà le détour à lui seul. Des vaches se promènent tranquillement dans le bourg et il n'est pas rare qu'elles empêchent les automobilistes d'avancer. Les produits locaux ici vendus montrent que ce charmant petit village – le seul par ailleurs dans la vallée – est encore habité par des bergers.

Deux routes traversent Asco. Prenez celle du bas qui va à gauche vers le cimetière. Comme il n'est pas possible d'y aller en voiture, garez-vous

à la **chapelle** près de l'embranchement menant au cimetière. C'est ici que commence la promenade. L'étroit sentier descend en longeant le versant. Il n'est pas balisé mais très facile à suivre. Continuez directement vers le canyon crevassé et attirant creusé ici par l'Asco. Juste avant d'arriver au pont, vous tombez sur la petite route asphaltée qui descend d'Asco (possibilité également de rouler jusqu'ici). Le **Pont Génois** (2) n'est ensuite qu'à quelques mètres : cet ouvrage en pierre sans parapet des deux côtés possède une puissance mystérieuse, comme s'il avait une foule de vieilles histoires à raconter. Les éléments

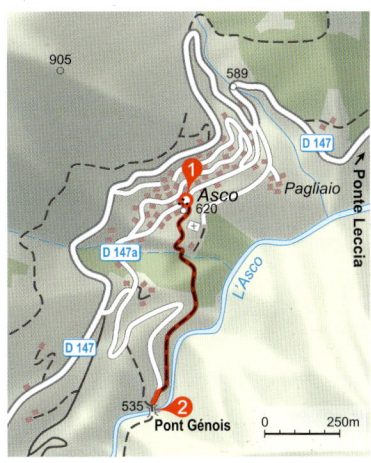

Cette petite excursion vous conduit au surprenant Pont Génois.

gothiques de son architecture le distinguent des autres ponts génois. Aucune voiture ne circulant dans les environs immédiats, on a ici l'impression de remonter le temps et de se retrouver à l'époque génoise lorsque ce pont a été construit pour accéder à une bergerie de l'autre côté de la rivière.

L'eau coule sous le pont en un large filet transparent et vert émeraude. Il vous suffit d'enjamber quelques rochers pour rejoindre en plusieurs endroits la rivière ainsi que ses piscines naturelles et piquer une tête dans les flots de cet agréable cours d'eau. La rivière est plutôt plate avant d'arriver au pont mais certains des bassins vers l'aval dans lesquels on peut plonger depuis les rochers de 2 ou 3 m de haut sur les bords à gauche et à droite sont profonds.

Lorsque vous avez envie de vous baigner sans être dérangé par quiconque, vous pouvez vous lancer dans une petite **promenade d'une marmite de géant à l'autre** et escalader, marcher et nager dans l'Asco jusqu'à un joli point de baignade et de pique-nique moins fréquenté que le pont lui-même. Vous trouverez un bel emplacement de ce genre à environ 300 m vers l'aval. Après vous être baigné, reprenez le même chemin au pont pour remonter vers **Asco**.

5 La vallée dans la vallée

Sur la berge de la Tassineta dans la Vallée d'Asco   dès 6 ans

La vallée d'Asco est un lieu romantique, divertissant et plein de surprises. L'étroit canyon creusé ici par la rivière Stranciacone est encadré de crêtes montagneuses tandis que les pins étendent leur ombre sur la vallée longue de 13 km. Et comme si cela ne suffisait pas, il existe encore des vallées latérales qui n'attendent qu'une chose : que vous les exploriez ! L'une d'entre elles est la Vallée de la Tassineta entre Asco et le Haut-Asco qui doit son existence à la rivière du même nom. La vallée latérale quitte la vallée d'Asco direction Nord-Ouest. Deux alternatives pour partir à sa découverte : à pied ou dans le cadre d'une randonnée vers des marmites de géant.

INFOS EN BREF

Départ : Parking à la »Maison du Mouflon et de la Nature«.

Arrivée : Suivre depuis L'Île Rousse la route côtière N 197 direction Ponte Leccia. Juste avant d'y arriver, tourner à droite dans la D 147 vers la Vallée d'Asco (panneau »Haut-Asco«). 7 km après le village d'Asco et 3 km après avoir traversé un pont, arrivée au grand parking sur la droite et à la Maison du Mouflon et de la Nature.

Difficulté : Randonnée en grande partie sans difficulté qui emprunte des sentiers rocailleux avec quelques passages d'escalade facultatifs. L'itinéraire est balisé en partie qu'avec des cairns.

Âge : À partir de 6 ans.

Temps de marche : 3h.

Longueur : 5,4 km.

Dénivelée : 270 m à la montée et à la descente.

Équipement : Chaussures de montagne, maillot de bain. Sandales de bain conseillées pour marcher dans la rivière.

Restauration : Rien en cours de route. Possibilité de déguster une glace un de prendre un repas au refuge, au bar ou au restaurant en bordure de route dans le petit village d'Asco

Hébergement : Le camping »Monte Cinto« (20276 Asco, tél. 04 95 47 86 08, http://ascocamping.free.fr) à environ 2 km du parking direction Haut-Asco. Cette aire naturelle est située dans un endroit merveilleux sous les arbres de la forêt d'Asco. Accès privé à la rivière et petit magasin qui vend des rafraîchissements que l'on peut déguster sur la terrasse.

Si vous optez pour la **promenade** vers **des marmites de géant**, vous pouvez démarrer au bout du parking près de la Maison du Mouflon et de la Nature – la Tassineta vous montre ensuite le chemin à suivre. Cette rivière est idéale pour une randonnée aquatique car elle est plate en de nombreux endroits et bien »praticable«. Les bassins plus profonds peuvent être traversés à la nage mais il est possible aussi de les

PETITE VISITE CHEZ MOUFLON & COMPAGNIE

Il n'y a malheureusement aucun mouflon vivant ici, mais il est possible de rencontrer cette espèce rare dans la »Maison du Mouflon et de la Nature«. Ces animaux sont une sous-espèce du mouton sauvage et ils sont reconnaissables à leurs cornes spiralées semblables à celles des béliers. Celles des femelles sont plus petites et recourbées en arrière. On peut supposer que les mouflons européens sont arrivés en Corse il y a environ 7000 ans avec l'homme du néolithique. Aujourd'hui, leur population est menacée sur l'île par la chasse et le braconnage. Le musée participe à l'effort de préservation et de protection de l'espèce. Il propose également une exposition sur la faune et la flore variée dans la Vallée d'Asco.

La Maison du Mouflon et de la Nature se trouve dans un bâtiment discret au bout du parking en contre-haut du panneau de randonnée mais vous passez obligatoirement devant pour rejoindre le point de départ de l'itinéraire. Infos sur Internet à l'adresse www.eco-musee-corse.com (horaires d'ouverture : mardi, mercredi, jeudi, samedi et dimanche de 10 à 17h, fermée de 12 à 14h hors saison ; entrée gratuite).

contourner sans problème par les rochers pas trop hauts tout autour. Certains points de baignade, particulièrement beaux, incitent à une halte plus ou moins prolongée. Vous pouvez donc vous promener tranquillement aussi longtemps que vous le souhaitez dans la rivière. Pour le retour, il est possible également d'emprunter l'itinéraire de randonnée, toujours accessible depuis la rivière, sur la rive gauche de la Tassineta.

La journée d'aujourd'hui est toutefois consacrée à la très belle **randonnée** qui va vous conduire dans la vallée. Encore peu connue, les randonneurs ne sont pas trop nombreux ici. Depuis le **parking** (1), passez devant les vaches et dirigez-vous vers la Maison du Mouflon et de la Nature (2). En contrebas du musée,

Attention au plongeon !

Une petite partie de toboggan dans l'eau ?

une pancarte très utile vous indique les diverses sections de la réserve naturelle dans lesquelles il est interdit d'entrer. Choisissez comme destination la Bergerie de Tassineta à la frontière de la section E2 sur le plan et donc à la limite de la région dans laquelle il est permis d'entrer (chiens interdits). Marchez vers la vallée sur la rive gauche de la rivière qui monte et descend sur un terrain rocheux. Pas de balisage, vous devez vous-même chercher le chemin – ou bien sûr confier cette tâche aux enfants. Continuez à droite de l'enclos aux mouflons dans lequel vivent actuellement 160 exemplaires d'après le plan – impossible toutefois d'apercevoir l'un de ces animaux farouches ! Le chemin est plutôt bien battu au départ et donc facile à trouver. Arrivé à un »carrefour« (3), prenez à droite vers la rivière. Vous découvrez alors un balisage bleu-jaune mais ne vous fiez pas trop à lui.

Vous arrivez aux premiers beaux emplacements de baignade dans la rivière mais vous pouvez aussi continuer en contre-haut de celle-ci, de petits sentiers et des cairns vers le cours d'eau indiquent de bons sites de baignade. Au bout de 1 km de marche environ, vous atteignez un **merveilleux site de baignade** (4) vers lequel descend un sentier pierreux. Une petite cascade rend encore plus agréable la halte dans cette piscine naturelle. Ce n'est pas de loin le seul bel emplacement pour barboter mais celui-ci permet au moins de s'isoler un peu. Grâce à la pinède environnante, toute la vallée de la Tassineta est bien protégé du soleil et extrêmement agréable lorsqu'il fait très chaud. L'eau claire n'est toutefois pas trop froide pour prendre un bain rafraîchissant.

Continuez votre route en passant par un chouette **toboggan aquatique** que les plus courageux d'entre vous peuvent tenter de dévaler. Il faut ensuite escalader des blocs rocheux et des dalles sur la berge gauche de la rivière et chercher à nouveau un chemin approprié. Une fois cet obstacle franchi, vous retrouvez le couvert de la forêt et suivez le chemin indiqué par plusieurs cairns. Viennent ensuite à nouveau quelques emplacements de baignade très prometteurs. Après environ 3 km au total, vous arrivez enfin à la **Bergerie de Tassineta** (5) qui est malheureusement abandonnée. Même si le chemin de randonnée continue, la section E 1 au-delà de la bergerie est interdite aux randonneurs. Vous devez donc faire demi-tour et suivre le même chemin pour retourner à la **Maison du Mouflon** et au **parking**.

La vallée de la Tassineta est un véritable terrain de découverte.

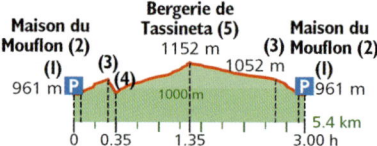

6 Le joyau de la Balagne

Calvi – Fleuron touristique du Nord   dès 4 ans

Calvi, capitale de la Balagne, est affectueusement surnommée le »joyau de la Balagne«. À juste titre d'ailleurs car cette petite ville à l'extrême Nord-Ouest a un petit côté glamoureux : tandis que l'imposante citadelle génoise trône tout en haut sur un promontoire rocheux, les promeneurs flânent le long de l'impressionnante marine à ses pieds. Entre les deux : un labyrinthe de ruelles animées et une haute ville joyeuse. Le point d'orgue est ici toutefois certainement la plage de Calvi, long cordon de cinq kilomètres couvert de sable fin et clair qui commence à la ville avant de s'étirer presqu'à perte de vue le long du Golfe de Calvi. Il est rare d'avoir l'opportunité de profiter à la fois des plaisirs qu'offrent la plage et une ville passionnante !

INFOS EN BREF

Arrivée : La route côtière N 197 à l'intérieur des terres conduit directement à Calvi via L'Île Rousse et s'achève ici. Après L'Île Rousse dans le Nord-Ouest, continuer à rouler 24 km. Arrivée à Galéria au Sud sur la côte occidentale après 31 km.
Âge : À partir de 4 ans.
Durée de la visite : 1 à 2 jours.
Renseignements : Office de Tourisme de Calvi, Port de Plaisance BP97, 20260 Calvi, tél. : 04 95 65 16 67, fax : 04 95 65 14 09, www.balagne-corsica.com, e-mail : info@balagne-corsica.com. Horaires d'ouverture : juillet et août tous les jours 9–19h30 ; hors saison, tous les jours sauf le dimanche 8h45–12h et 14–18h.

Équipement : Chaussures confortables et protection solaire.
Restauration : Les restaurants se succèdent dans les ruelles de la haute ville ; sinon, glaciers, crêperies et simples étals de vente de rafraîchissements. Plus cher et plus exclusif dans la marine où les restaurants sont également très nombreux.
Hébergement : Le club de vacances »Zum Störrischen Esel« (»Chez l'âne rétif«) se situe à quelques minutes seulement de Calvi sur la N 197 direction L'Île Rousse (20260 Calvi, tél. +43/55 72 22 42 0-13 (voyagiste autrichien), www.stoerrischeresel.com). Nombreux bungalows et grandes tentes à louer dans un parc naturel de 70 000 m². Diverses activités possibles pour les enfants : piscine, terrain de jeux, location de vélos, belle plage de sable à proximité immédiate. Nombreux et jolis campings bien équipés autour de Calvi comme par exemple le »Camping La Pinède« directement en bordure de la plage de sable dans une forêt ombragée de pins parasols et d'eucalyptus qui regorge de fleurs (20260 Calvi, tél. 04 95 65 17 80, www.camping-calvi.com). Possibilité de louer ici aussi des chalets. Piscine, terrain de jeux et minigolf sont à la disposition des campeurs tout comme un magasin et un restaurant.

La route d'accès sépare la citadelle de la vieille ville et du port.

Calvi – Une ville portuaire turbulente dans le Nord de la Corse.

Calvi attire de nombreux vacanciers, surtout en période estivale. La foule se presse alors sur le pont levis qui conduit à la **citadelle**. Cet édifice massif construit au 13ème siècle trône sur une colline calcaire. Le complexe médiéval comprend plusieurs bâtiments dont l'ancien palais du gouverneur, le tribunal, l'hôtel de ville et le collège. D'étroites ruelles s'étirent entre les nombreux murs encore intacts.

Calvi reste très fidèle à la République de Gênes durant l'occupation génoise et combat même toute aspiration d'indépendance des Corses comme en témoigne l'inscription à l'entrée de la citadelle : »Civitas Calvi semper fidelis« – »La ville de Calvi toujours fidèle«. Lorsque l'on se promène sur les traces des citoyens fidèles à Gênes, on peut contempler depuis les murs de la forteresse de magnifiques panoramas : d'un côté le port et le Golfe de Calvi, de l'autre la mer infinie. On accède à la citadelle depuis la Place Christophe Co-

lomb ainsi baptisée en l'honneur du citoyen probablement le plus célèbre de Calvi (cf. la case à la p. 54). La partie dite **ville basse** de Calvi est aussi très animée. Dès que vous y entrez, vous découvrez l'office de tourisme et la gare où s'arrête le train de Balagne qui fait la liaison entre Calvi et L'Île Rousse (cf. p. 38). Le Quai Landry et la Rue Georges Clemenceau sont également de véritables aimants : l'ambiance est ici à la fête quelle que soit la saison, notamment à l'occasion de festivals et de concerts, et les ruelles, les bistrots et les bars grouillent d'animation.

En comparaison, l'étroit et long cordon bordé de pins parasols de la **plage de sable** semble plus paisible. Considérée comme l'une des plus belles plages de l'île, elle est idéale pour les familles avec de jeunes enfants. En effet, la mer y est si plate que les tout-petits peuvent ici barboter sans souci dans l'eau peu profonde. L'endroit parfait pour profiter au maximum d'une journée

BONJOUR LES ENFANTS

Il paraît que Christophe Colomb, cet homme qui a découvert l'Amérique, serait né dans la citadelle loin au-dessus de la ville. La petite cité corse n'est pas la seule à prétendre à ce titre et plusieurs villes en Italie, en Espagne et au Portugal affirment que le célèbre explorateur est né chez elles. Il n'en reste pas moins que Calvi a longtemps vécu sous la domination génoise (allant même jusqu'à combattre ceux qui aspiraient à l'indépendance) et que c'est précisément à cette époque, vers le milieu du 15ème siècle, qu'est née la rumeur selon laquelle Christophe Colomb serait né ici et qu'il serait donc génois. Quoi qu'il en soit, un monument à l'entrée de la citadelle évoque le souvenir du marin et la Rue Colombo a ainsi été baptisée en son honneur. Et bien sûr, c'est justement dans cette rue qu'il est paraît-il né ! Et naturellement, on peut y voir sa maison natale avec une plaque commémorative. Certains faits plaident en faveur de cette hypothèse : des Colombus habitaient encore dans cette rue au 18ème siècle et le fils de Christophe Colomb, Don Fernando, affirmait à ses semblables que son père était né quelque part sur la côte corse. Et comme c'était son fils, il devait bien savoir de quoi il parlait …

à la plage grâce notamment aussi aux bars et aux restaurants dans lesquels vous pouvez boire et manger à toute heure. Si vous souhaitez faire de la plongée dans des eaux plus profondes, vous trouverez au port de plaisance de Calvi plusieurs clubs qui organisent ce genre de sorties. Les enfants aussi sont particulièrement les bienvenus (à partir de 8 ans environ). Les cours proposés s'adressent à tous les niveaux et même les débutants peuvent découvrir le fascinant monde sous-marin. Calvi est également le point de départ d'un bon nombre de **sorties en bateau** intéressantes avec, tout en haut de la liste des plus belles destinations, la découverte de la réserve naturelle de **La Scandola** sur la côte occidentale (cf. p. 66). Vous pouvez choisir entre une excursion d'une journée qui dure plus de neuf heures avec halte à Girolata, une sortie d'une demi-journée sans halte ou encore une petite aventure en catamaran qui peut vous mener aussi à la **»Grotte des Vieux-Marins«** au Sud-Ouest de Calvi. Lorsque la mer est calme, les bateaux n'hésitent pas à pénétrer dans cette grotte de 200 m de long qui est également inaccessible par la terre tout comme

Dans le port de Calvi.

la réserve naturelle de La Scandola. Autre belle sortie et, au cœur de l'été également l'occasion de fuir les températures caniculaires sur la côte, est la proche **Forêt de Boni-fatu**. Cette fabuleuse pinède située dans une vallée encaissée propose de nombreuses et belles possibilités de randonnée (randonnée 8). La rivière Figarella clapote allègrement à travers la forêt et propose aux baigneurs une alternative aux plages méditerranéennes avec ses marmites de géant ombragées.

Si vous préférez toutefois passer un moment sur une plage hors du commun, alors rendez-vous sur une somptueuse plage de galets de luxe couverte de cailloux de toutes les tailles et de toutes les couleurs qui brillent tous les uns plus que les autres. C'est un véritable plaisir de fouiller – pieds-nus si possible – au milieu de ces galets ronds presque tous polis par la mer à la recherche de quelques exemplaires précieux. Je vous parle ici de la **Plage d'Ar-gentella** qui se trouve près de la localité du même nom entre Calvi et Galéria sur la D 81B. Veuillez emprunter au moins une fois cette route (à l'aller ou au retour) au lieu de l'autoroute qu'est la D 81 en direction de la Forêt de Bonifatu et de la Vallée de Fango. Vues de rêve et belles haltes sur des plages plutôt solitaires sont garanties !

Pour finir enfin, vous devez absolument voir une dernière chose près de Calvi, à savoir la statue **Notre Dame de la Serra** qui surveille du haut de sa colline au Sud-Ouest de Calvi la ville et sa citadelle. Deux heures de marche sont nécessaires pour la rejoindre depuis Calvi mais il est possible également de s'y rendre en voiture en suivant la route côtière vers le Sud. À 4 km environ de Calvi, un panneau indique à gauche le chemin qui monte à la chapelle.

7

À cheval entre mer et montagne

Sortie avec le centre équestre »A Cavallu«　　dès 8 ans

Le centre équestre dit lui-même de cette sortie à cheval que c'est la »spécialité de la maison« – et il a raison. La »Mer et Montagne« est une sortie guidée de deux heures proposée par le centre équestre A Cavallu qui mène les cavaliers à travers le maquis odorant et de petits cours d'eau jusqu'aux contreforts montagneux derrière Calvi avant de les ramener finalement à la plage urbaine.

INFOS EN BREF

Arrivée : Le centre équestre se trouve à l'entrée de Calvi lorsqu'on arrive de L'Île Rousse. Après le rond-point (aéroport à gauche), suivre à droite un petit et vieux panneau jaune indiquant »A Cavallu« puis un étroit chemin d'accès conduit à droite au centre.

Âge : À partir de 8 ans.

Horaires d'ouverture : Toute l'année. Sorties à cheval en fonction de la saison, téléphoner pour se renseigner. Appeler au 04 95 65 22 22 pour réserver une sortie ou le faire sur place au préalable.

Tarifs : Une sortie à cheval d'une heure coûte 24 €, deux heures 48 € (par personne, adultes et enfants), tour de poney pour les plus petits 10 € pour 15 mn.

Équipement : Location de bombes possible. Sinon, chaque cavalier doit toutefois porter des pantalons longs et des chaussures de sport ou de randonnée.

Restauration : Le centre équestre se trouve au début de la longue plage sablonneuse de Calvi avec de nombreux restaurants et bars.

Hébergement : Le camping »Dolce Vita«, magnifiquement situé sur la plage, fait honneur à son nom. Situé à quelques centaines de mètres seulement du centre équestre (juste avant le rond-point), il est bien indiqué depuis la N 197 (20260 Calvi, tél. 04 95 65 05 99, www.dolce-vita.org). Ce camping trois étoiles ouvert de début mai à fin septembre se trouve au bord de la mer et de la rivière Figarella. Il propose des aires de jeux à l'extérieur et à l'intérieur pour les enfants, un court de tennis, un boulodrome, de ping-pong ainsi qu'un petit magasin d'alimentation, un snack-bar et une pizzeria (ouverts seulement en pleine saison pour certains).

Les enfants peuvent participer sans problème à cette sortie à partir de huit ans mais la propriétaire veille rigoureusement à ce que les membres d'un même groupe soient tous des cavaliers débutants ou confirmés. Ceux qui ont un bon niveau et qui peuvent prouver qu'ils suivent des cours d'équitation au moins une fois par semaine, sont autorisés à marcher au pas et au trot mais aussi à galoper. Les groupes de débutants

Les chevaux du centre sont affectueux et calmes.

ont également le droit de trottiner mais l'itinéraire de la randonnée est légèrement différent et la partie galop est supprimée. Les chevaux sont de très braves animaux qui ont le pied sûr et qui connaissent le chemin à suivre. Inutile donc d'avoir peur si vous êtes débutant que le cheval prenne un autre chemin que celui qui est prévu – chose d'ailleurs quasiment impossible tant le maquis est touffu.

Répartis dans des groupes de dix participants maximum, vous partez à la découverte de la contrée sauvage dans les environs de Calvi. Mieux vaut porter des pantalons longs et pas seulement pour mieux monter : vous vous rendrez bien vite compte que les ronces sont nombreuses dans le maquis et comme les chemins sont parfois très étroits, vous serez très contents de vous être habillé en conséquence. La traversée d'affluents de la Figarella et d'autres ruisseaux qui clapotent est un moment que chevaux et cavaliers apprécient tout particulièrement. Bienvenue au Far West !

Vous montez lentement en empruntant des chemins rocambolesques. En cours de route, l'encadrante, vous donne des détails intéressants sur la flore et la faune et vous montre des plantes spéciales au parfum exotique qui poussent dans le maquis. Vous arrivez ensuite à un point de vue avec un panorama fantastique sur la baie de Calvi et la plage de sable blanc.

Après quelques passages de montée et de descente sur le versant montagneux, retour à la mer mais cette fois-ci directement. La chevauchée sur la plage est toutefois un peu trop courte. Si vous adorez galoper en bordure de mer, mieux vaut réserver la sortie »La Pinède« qui dure

En route vers les collines derrière Calvi à travers l'épais maquis.

une heure avec des passages prolongés sur la plage et à travers la forêt voisine de pins parasols et d'eucalyptus – à préférer les jours de grande chaleur à une randonnée de montagne en plein soleil quasiment du début à la fin.

Les tout-petits aussi peuvent profiter des joies de l'équitation au centre »A Cavallu« en faisant un tour de poney sur le grand terrain de la propriété, guidés par leurs parents. Il est fortement conseillé à tous ceux qui aiment les animaux de terminer leur petite sortie par une longue visite du centre équestre.

En juillet et août, un troisième type de sortie est proposé : la baignade avec les chevaux ! Les cavaliers audacieux – en maillot de bain si possible – enfourchent leur monture et s'enfoncent dans la mer. Mais n'ayez pas peur : les chevaux continuent d'avancer tant qu'ils ont pied et ni vous, ni votre monture n'aurez à nager.

8 # Rochers, bassins et surtout la forêt !

À la découverte de la Forêt de Bonifatu   dès 6 ans

L'itinéraire »habituel« dans la fascinante Forêt de Bonifatu conduit en fait les randonneurs à l'étonnante passerelle de Spasimata mais vous n'êtes pas en Corse pour faire forcément ce que tous les autres touristes font, plutôt pour faire ce que vous voulez. En outre, le pont suspendu de Spasimata étant plutôt loin puisqu'il faut parcourir 6 km pour s'y rendre (et 6 autres pour revenir par le même chemin), mieux vaut opter ici pour une randonnée familiale d'une longueur totale de 6 km. Vous aurez également droit à une passerelle et vous pourrez même prendre un bain rafraîchissant dans la Figarella ou dans un ruisseau un peu à l'écart.

INFOS EN BREF

Départ : Maison Forestière de Bonifatu.
Arrivée : Suivre depuis Calvi la D 81 qui passe devant l'aéroport jusqu'à Suare puis la D 251 qui bifurque à gauche jusqu'au parking payant de la Maison Forestière de Bonifatu. La route s'achève ici.
Difficulté : Randonnée variée avec une dénivelée assez importante mais facile à surmonter. Mieux vaut avoir le pied sûr. Balisage jaune-rouge puis uniquement rouge.
Âge : À partir de 6 ans.
Temps de marche : 2h40.
Longueur : 6 km.
Dénivelée : 350 m à la montée et à la descente.

Équipement : Chaussures de montagne, maillot de bain.
Restauration : Rien en cours de route. L'»Auberge de la Forêt de Bonifatu« sur le parking propose des plats corses typiques midi et soir. Le bar »Salon de Thé« propose de petits plats et des rafraîchissements à longueur de journée. Très belles terrasses.
Hébergement : L'»Auberge de la Forêt de Bonifatu« loue des chalets pour 6 à 8 personnes ainsi que des chambres à deux et trois lits (20214 Bonifatu, tél. 04 95 65 09 98, http://auberge-foret-bonifatu.com). Il existe également un camping, rudimentaire certes, mais magnifiquement situé et avec des installations sanitaires.

Garez-vous à la **Maison Forestière de Bonifatu** (1). L'»autoroute« continue tout droit pour le randonneur de la Spasimata sous forme d'un chemin forestier large au départ. Vous par contre, vous prenez à gauche à la toute dernière boucle

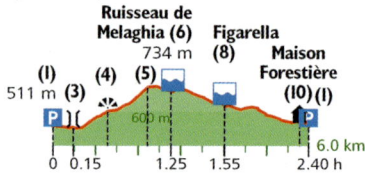

du parking en bas vers le Nord-Est pour suivre le balisage jaune-rouge bien visible. Le sentier que vous empruntez alors directement jusqu'à la rivière est large au départ. Après un bel **emplacement de baignade** (2) où vous ferez peut-être halte au retour après les efforts fournis, vous tombez 100 m plus loin en amont déjà sur ladite **passerelle** (3), une construction moderne qui enjambe audacieusement la Figarella. Qui n'a pas le vertige et a suffisament de courage pour passer sur la passe-

Point fort en cours de route : la passerelle moderne qui oscille au-dessus de la rivière.

relle en premier ? Elle ne manquera pas d'osciller mais après tout c'est un pont suspendu !

Dès que vous sentez à nouveau la terre ferme sous vos pieds, la randonnée commence vraiment. Suivez le balisage jaune-rouge qui zigzague sur la pente abrupte de la montagne (dénivelée : env. 250 m) le long d'un sentier rocailleux, par-fois peu praticable et donc tout sauf ennuyeux. La dénivelée n'est pas si pénible car vous marchez en grande partie sous le couvert des arbres d'une magnifique forêt.

Vous arrivez enfin à un endroit où une trouée dans la forêt vous permet d'admirer sur un rocher en saillie la **merveilleuse vue** (4) déga-gée sur le panorama environnant.

Ce n'est que maintenant que vous vous rendez compte à quelle altitude vous êtes déjà !

Malgré tout, même si vous avez l'impression d'être arri-vé au sommet de votre ran-donnée, ne serait-ce qu'à cause de la vue, vous n'êtes pas encore au bout de vos peines et vous devez conti-nuer sur le chemin modéré-ment pentu. Un peu avant d'arriver à un col, vous tom-bez sur un **embranche-**

L'immense forêt de Bonifatu est très impressionnante, notamment depuis le joli point de vue (4).

ment (5). Ne suivez pas le balisage jaune à gauche en direction du GR 20, mais marchez tout droit pour descendre doucement vers une vallée. Votre chemin qui a maintenant pour nom la »Boucle de Finocchi« est balisé en rouge. Vous arrivez enfin à un petit cours d'eau appelé **Ruisseau de Melaghia** (6). Avant de le franchir pour poursuivre votre route, cherchez donc un joli bassin pour vous baigner. Il est d'ailleurs vite trouvé – 20 m en amont, une superbe **piscine naturelle** (7) vous attend !

Après avoir barboté dans l'eau limpide du ruisseau, retournez à l'endroit où vous devez franchir ce cours d'eau. Le passage qui suit est magnifique, impressionnant et aventureux à la fois. La paroi rocheuse déchiquetée de la montagne qui vous fait maintenant face et dont vous venez de faire le tour est imposante. Particularité de l'itiné-

raire : le chemin, comme vous le constatez un peu plus haut, est soudain un chemin forestier asphalté tandis qu'en bas la nature a repris ses droits, et qu'il est à nouveau envahi par la végétation. Rocheux et tout sauf plat, mieux vaut bien ouvrir les yeux pour parcourir les derniers 1500 m qui vous séparent de la **rivière Figarella** (8).

La rivière marque le point où vous devez faire demi-tour mais ici aussi vous trouverez de nombreuses piscines naturelles et surtout plein d'occasions pour les enfants de faire un peu d'escalade – Mère Nature a également pensé aux plus-jeunes.

Pour boucler votre randonnée, avec ou sans halte baignade, franchissez la rivière derrière laquelle vous retrouvez immédiatement l'**itinéraire principal** (9) qui quitte la vallée sous forme d'un large chemin forestier et rejoint après environ 2 km la **Maison Forestière** (10) et le **parking**.

Allez, nagez !

Randonnée aquatique à travers le Fango

dès 10 ans

C'est la randonnée par excellence pour tous les amateurs de randonnées aquatiques ! Il est possible certes de contourner dans le Fango certains endroits apparemment infranchissables dans l'eau en escaladant les rochers sur les bords – mais on peut nager ici dans une eau très limpide ! Les bassins sont en général plutôt profonds et le courant peut être fort, mieux vaut donc ne se lancer dans cette aventure qu'avec de bons nageurs. De petites chutes d'eau se jettent en mugissant dans le vide depuis un rocher, créant un »contre-courant« naturel contre lequel il faut lutter. Les jours de grande chaleur en été, une petite promenade jusqu'au Fango est très agréable même sans randonnée aquatique mais il y a beaucoup de monde. Toutefois, les rochers offrent suffisamment de points de baignade et les visiteurs peuvent s'éparpiller un peu.

INFOS EN BREF

Départ : Parking à la pizzeria Ponte Vecchio dans la vallée du Fango.

Arrivée : Suivre depuis Calvi la D 81 qui passe devant l'aéroport vers Galéria. Tourner à gauche au pont du Fango dans la Vallée du Fango et suivre à un embranchement à gauche la D 351 vers Barghiana. 1 km tout juste après l'embranchement, la pizzeria Ponte Vecchio est à droite.

Difficulté : Randonnée aquatique difficile réservée aux très bons nageurs. En raison du courant, une bonne condition physique est impérative. Certains endroits infranchissables dans l'eau doivent être contournés par des rochers.

Âge : À partir de 10 ans.

Longueur de l'itinéraire et temps de marche : Quelconque.

Équipement : Sandales de bain, profilées si possible, maillot de bain, protection contre le soleil.

À savoir : Ne rien emporter si possible, sauf son maillot de bain, car il faut nager sur de longues distances dans la rivière. Mettre les clés de la voiture et éventuellement un appareil photo dans un emballage étanche et les transporter dans une boîte parfaitement hermétique.

Escalade et nage dans le Fango et sur ses berges.

Restauration : La pizzeria Ponte Vecchio est bien située directement au début de la randonnée.

Hébergement : Même s'il existe deux campings à Galéria, village proche important, mieux vaut donc dormir au camping »Tuarelli« plus amusant et plus joli directement dans la Vallée du Fango (20245 Tuarelli, tél. 04 95 62 01 75). Le camping qui appartient au gîte d'étape a Tuarelli possède une aire réservée aux tentes, un restaurant (terrasse) et une jolie piscine naturelle dans le Fango.

Que l'aventure commence – En avant dans le Fango.

Le **Ponte Vecchio**, pont restauré légèrement dissimulé sur la côté gauche de la route, offre un bon point de départ car on peut descendre assez facilement jusqu'à la rivière ce qui n'est pas partout le cas le long du Fango. Franchissez donc le pont puis tournez à droite dans les buissons touffus. Heureusement, vous trouvez des repères oranges qui vous conduisent sans problème jusqu'au cours d'eau. Juste en dessous du pont, vous voyez déjà de jolis bassins de baignade mais vous voulez faire une excursion dans la rivière. Jetez-vous donc maintenant dans l'eau et remontez le Fango. Des bassins parfois très profonds et longs alternent avec des passages plats avec, de temps en temps, des endroits impossibles à franchir dans la rivière (aux chutes d'eau par exemple) mais qui peuvent être contournés en escaladant des rochers à droite ou à gauche du cours d'eau. Ce n'est pas toujours très facile mais c'est une véritable partie de plaisir. Un chemin s'étire au-dessus de la rivière côté gauche. Si vous décidez de quitter le Fango, il est toujours possible de le rejoindre plus ou moins facilement.

Pendant ce temps, dans la rivière, une nouvelle aventure surgit après chaque obstacle. À peine le nageur

À FAIRE

La Vallée du Fango est plus plate, plus large et plus accessible en direction de Galéria mais le niveau de la rivière reste toujours constant. Plusieurs bras secondaires s'étirent à travers une réserve naturelle extrêmement intéressante. L'idéal serait de la traverser en bateau, mais où se procurer une embarcation pour canoter sur la rivière ? Pas de problème ; des canoës et des kayaks sont spécialement prévus pour cette section du Fango ! Du 1er juin au 30 septembre, il est possible de profiter de ce service en louant de 10h à 18h30 une embarcation au »Delta du Fangu en Canoë« à Galéria. Des bateaux une et deux places sont à votre disposition et il n'y a pas de limite d'âge. Les excursionnistes en peuvent démarrer au pied de la tour génoise de Galéria et découvrent en cours de route la grande variété de la flore et de la faune : avec un peu de chance, on peut même apercevoir en plus des nénuphars et des libellules également une tortue des marais, un grèbe castagneux ou encore un héron.

Infos sur Internet à l'adresse www.delta-du-fangu.com ou au 06 22 01 71 89. Une heure de location coûte 5 € par personne.

Pause au-dessus des eaux profondes et cristallines du Fango.

a-t-il franchi un bassin particulièrement profond qu'il se précipite vers une petite cascade. En certains endroits, les chutes d'eau ont façonné de véritables »toboggans« dans les rochers. Il est très amusant de contourner la cascade par les dalles sur le côté puis de dévaler ces toboggans de pierre naturels !

Vous pouvez poursuivre cette randonnée aquatique à pied et à la nage autant que vous le souhaitez mais n'oubliez pas que la progression est plutôt épuisante. En principe, vous pouvez quitter la rivière quand vous en avez envie, la route tout comme le chemin sur la berge gauche étant bien accessibles en de nombreux endroits. Pas de problème donc pour retourner à votre point de départ sans avoir à repasser par le Fango. Vous avez par exemple la possibilité de faire demi-tour ou vous arrêter au **Pont de Tuarelli**, à 3 km environ du Ponte Vecchio d'où vous êtes parti, y rester un moment près d'une merveilleuse piscine naturelle à côté du pont (vers l'amont) pour vous détendre après les efforts fournis, pendant que papa ou maman propose généreusement d'aller chercher la voiture.

De vrais poissons infatigables au Pont de Tuarelli.

10 De grands terrains de jeux en pleine nature

Accro-branches près de Calvi et dans la Vallée d'Asco

a) Parcours Aventure de Calvi   dès 2½ ans

INFOS EN BREF

Arrivée : Suivre la voie de communication N 197 L'Île Rousse – Calvi (jusqu'au centre-ville) puis prendre à droite au supermarché Casino vers la plage jusqu'à la route parallèle à la mer. Tourner ici à gauche et longer les rails jusqu'au parking.
Difficulté : Insensibilité au vertige et une assez bonne condition physique.
Âge : À partir de 2 ans et ½.
Équipement : Chaussures solides. Matériel d'escalade fourni.

Horaires d'ouverture : Avril à octobre.
Tarifs : Petit parcours 5 €, parcours moyen 12 €, grand parcours 18 €, pour les enfants de moins de 14 ans 15 €. Pour tous les parcours 20 €.
Durée de la visite : Environ 1 à 3h.
Restauration : Nombreux restaurants, bars et glaciers accessibles à pied le long de la plage. Autres possibilités de restauration dans le centre-ville proche.
Hébergement : Le choix est vaste à Calvi (cf. p. 52), mais le **club de vacances** »Störrischer Esel« sur la N 197 tout près du parc accro-branches est chaudement recommandé.

Ce parc accro-branches situé dans une pinède directement en bordure de la plage de Calvi est destiné à tous les âges, ce qui est inhabituel car, normalement, seuls les enfants plus âgés ont le droit d'accéder aux stations les plus élevées. Ici, toutefois, les jeunes enfants sont autorisés à se balancer dans les airs comme des singes dès deux ans et demie à condition de mesurer 80 cm. Le parcours d'escalade ne dure qu'une douzaine de minutes, ce qui n'est pas trop fatigant pour eux (petit parcours, balisage vert). Le niveau de difficulté suivant (balisage bleu) s'adresse aux enfants de cinq ans et plus qui mesurent au moins 1,05 m. Ils doivent être en bonne forme pour pouvoir venir à bout du parcours d'une demi-heure. Le grand parcours enfin (balisage rouge) qui peut durer plus d'une heure est réservé à tous les petits singes à partir de neuf ans qui mesurent au moins 1,30 m.
Harnais et cordes de sécurité avec mousquetons pour s'accrocher sont fournis par le parc. Il est également obligatoire de savoir manipuler le matériel et de connaître les mesures de sécurité.

L'entrée du parc de loisirs dans la Vallée d'Asco.

b) Parc de Loisirs Asco Vallée Aventure   dès 4 ans

Arrivée : L'accro-branches se trouve sur la D 147 dans la vallée d'Asco au sud de Moltifao. Suivre depuis Calvi et L'Île Rousse la route côtière N 197 direction Ponte Leccia. Juste avant d'arriver au bourg, la D 147 bifurque à droite dans la vallée d'Asco (panneau »Haut-Asco« ; environ 8 km jusqu'au parc).

Remarque : Billets d'entrée et matériel de sécurité disponibles auprès de l'agence »In Terra Corse« à 13 km du parc à la gare SNCF de Ponte Leccia (bien indiquée). Consulter le site Internet de l'agence (www.interracorsa.com) pour savoir quels sont les parcours proposés par le parc, ou téléphoner au 04 95 47 69 48.

Difficulté : Pour les parcours plus difficiles, une insensibilité au vertige, une bonne condition physique et un pied sûr sont indispensables.

Âge : À partir de 4 ans.

Équipement : Chaussures solides et vêtements de sport.

Horaires d'ouverture : Avril à septembre tous les jours 9–17h. Sur rendez-vous hors saison.

Tarifs : À partir de 17 €.

Durée de la visite : Une demi-journée à une journée entière.

Restauration : Le village d'Asco avec un bar et un restaurant est à 10 km. Pour une glace, se rendre au village de montagne de Moltifao au Nord.

Hébergement : Le camping »E Canicce« au bord de la rivière (cf. p. 44).

Ce parc moderne situé dans la magnifique Vallée d'Asco offre un large éventail d'activités aux visiteurs quel que soit leur âge. Le terme »parc de loisirs« pourrait toutefois les induire en erreur. Ici, pas de manèges et d'animations – au contraire ! Le parc a été en effet intégré dans l'environnement naturel sans aucune restriction : vous pourrez vous défouler et vous démener comme bon vous semble. La principale attraction du parc est certainement la »Via Ferrata« avec ses rampes, passerelles et échelles sécurisées au moyen de cordes à des hauteurs vertigineuses au-dessus de ravins et de précipices. Cinq parcours différents sont proposés. La **Route »A Zitellina«** s'adresse aux jeunes grimpeurs car elle n'est pas très difficile même si elle demande une certaine souplesse et de l'adresse. Autre attraction aussi populaire, surtout auprès des enfants : la tyrolienne. Pour les familles avec des enfants plus grands (8 ans minimum), il est conseillé de combiner **Via Ferrata et Tyrolienne** : on grimpe alors en empruntant des vias ferratas pour ensuite redescendre en tyrolienne. Il est possible de réserver une demi-journée ou une journée entière mais une demi-journée est suffisamment fatigante pour les enfants. Le matériel et l'instructeur coûtent 35 € par personne pour une demi-journée (matériel plus initiation sans instructeur 22 €).

Il n'est toutefois pas nécessaire de monter si haut pour vivre des aventures, vous pouvez également opter pour une version plus terre à terre comme par exemple le **parcours »Tendance Découverte«** avec ses 25 stations jusqu'à 10 m de haut (demi-journée, matériel et initiation compris, 17 €).

Les plus jeunes à partir de 4 ans peuvent monter à l'assaut de cabanes dans les arbres et s'amuser à des hauteurs suffisantes pour eux.

De plus, le parc étant situé directement au bord d'une rivière, il est possible de se rafraîchir dans les belles piscines naturelles de l'Asco après cette aventure sportive épuisante.

Le Far West

Le granite est la roche primitive de l'île – principalement dans la partie occidentale de la Corse d'ailleurs. Les parois rocheuses descendent à pic sur la côte, créant ainsi une foule de criques extraordinaires. L'Ouest de l'île est considéré comme la partie sauvage de la Corse et ce à juste titre. Les altitudes, presque alpines, de la chaîne montagneuse qui se dresse vers le ciel quasiment jusqu'au littoral d'un côté et la mer qui fouette les rochers escarpés et déchiquetés de l'autre dégagent un charme très particulier. Nulle part ailleurs en Corse il est aussi facile de satisfaire tous les goûts : les uns optent pour une randonnée et suent sang et eau, les autres préfèrent la plage et profitent du soleil. Les criques rocheuses, solitaires et difficiles d'accès alternent avec les magnifiques et grandes anses de sable. Entre ces baies, des caps rocheux qui s'avancent dans la mer, un coup d'œil sur la carte suffit pour voir combien ils sont nombreux. Le Golfe de Galéria (cf. p. 35), à l'extrême Nord de la côte occidentale, est suivi au Sud des golfes de Girolata, Porto, Sagone et Ajaccio an.

Il ne faut pas oublier de mentionner ici notamment dans le Nord du Golfe de Girolata la presqu'île de La Scandola qui fait partie du »Parc Naturel Régional de la Corse« et qui figure sur la liste du patrimoine mondial de l'UNESCO. La presqu'île étant exclusivement réservée à la faune et à la flore, elle est inaccessible par la terre et l'accès par la mer est également très restreint.

Au sud du Golfe de Porto, un spectacle naturel sans pareil attend les visiteurs – les célèbres Calanches (randonnées 12 et 13). Les rochers granitiques ont pris ici des formes tourmentées sous l'action du vent et des intempéries. On voit dans ce que l'on appelle des tafonis des per-

BONJOUR LES ENFANTS

La calanche, mot qui veut dire »baie pareille à un fjord«, longe la mer sur une distance de onze kilomètres. Elle est truffée de hautes aiguilles rocheuses, de tours et de châteaux formés par les tafonis reconnaissables à leurs trous qui sont le résultat de l'action des intempéries. Les fluctuations de la température et l'humidité de l'air entraînent une lente décomposition de la roche et le résultat ressemble à un fromage suisse. La structure des tafonis fait penser à un nid d'abeille. Diable, anges, chiens, lions et éléphants – l'observateur peut ici laisser libre cours à son imagination et voir ce qu'il veut dans ces formations rocheuses burinées par la nature.

Ouvrez bien les yeux si vous passez par là pour ne pas rater ce spectacle naturel. Vous voyez le cœur formé par deux tours rocheuses ?

![Le spectacle le plus fascinant de la côte occidentale est la Calanche.]

Le spectacle le plus fascinant de la côte occidentale est la Calanche.

sonnages imaginaires, des têtes, des tours et des grottes. Le soir surtout, lorsque le soleil se couche et que les rochers se mettent à rougeoyer, la féerie est parfaite.

L'arrière-pays de la côte occidentale n'est pas à dédaigner. Dans les montagnes autour du merveilleux bourg d'Evisa l'arrière-pays de Porto offre un programme d'activités très variées pour l'ensemble de la famille : une foule de choses à découvrir, des campings idylliques avec un charme tout particulier et des randonnées si nombreuses qu'on ne peut pas toutes les faire. Les sites de baignade dans les rivières et les bassins remplacent avantageusement les plages en bordure de côte. Le littoral occidental étant toutefois truffé de points de baignade, il est relativement facile de rejoindre la plage la plus proche depuis l'intérieur des

Le parcours à travers les spectaculaires Gorges de la Spelunca (randonnée 14) est un point fort pour les enfants.

terres. À côté de ce magnifique spectacle naturel, la côte Ouest accueille également l'une des plus grandes villes de l'île, à savoir sa préfecture, Ajaccio. L'effervescence de cette localité plutôt grande pour la Corse (64 000 habitants) offre un étonnant contraste avec la nature aride du littoral occidental.

Les plages de la côte Ouest

Il est impossible de présenter toutes les plages, les criques et les niches rocheuses du littoral occidental. C'est pourquoi nous décrivons uniquement les plus belles pour les enfants et les familles. Une plage est particulièrement bien adaptée aux jeunes enfants lorsque l'accès à la mer est en pente douce.

Golfe de Girolata

La presqu'île de La Scandola se trouve entre la Baie de Girolata au Nord et le Cap Senino au Sud. À côté du port et de la forteresse génoise sur la presqu'île face à la côte, se trouve la Plage de Girolata. De petites criques sablonneuses, dont certaines ne sont accessibles qu'après une petite partie d'escalade, se dissimulent également de-ci de-là le long de cette longue anse.

Arrivée : La circulation est interdite dans le bourg de Girolata dans la baie du même nom. Aucune route ne conduit donc directement à la plage mais on peut explorer les environs en prenant un bateau par exemple à Porto, Calvi ou Ajaccio.

Golfe de Porto

Le Golfe de Porto offre un spectacle époustouflant avec la muraille sanglante de granite rouge de la Calanche et la mer d'un bleu intense. Il y a ici plusieurs plages très différentes les unes des autres :

▶ **Plage de Porto**

C'est plus ou moins la plage de la petite ville de Porto, au Sud de la marine de Porto. La plage de galets est encadrée d'eucalyptus et la rivière Porto se jette ici dans la mer.

Arrivée : La plage s'étale au sud de la marine de Porto et de l'éminence sur laquelle trône la tour génoise visible de loin.

▶ **Plage de Bussaglia**

Cette plage immense, la deuxième plus grande à proximité de Porto, se situe à 5 km au Nord de ville. Longue d'environ 1 km, elle est couverte en certains endroits de sable fin et en d'autres de gros galets.

Arrivée : Depuis Porto, prendre la D 81 vers le Nord puis tourner dans la D 724 à gauche pour rejoindre la mer.

▶ **Plage d'Arone**

L'anse sablonneuse se trouve à environ 12 km au Sud de Piana, à l'extrême Sud du Golfe de Porto. La plage vaut véritablement le détour : vaste et couverte de sable fin, elle est bordée par une mer turquoise et limpide mais vite profonde. La Plage d'Arone est l'une des rares plages à ne pas être surpeuplée en haute saison principalement parce qu'il est difficile d'y accéder.

Arrivée : Depuis Piana, suivre jusqu'au bout la D 824 direction Sud. Il est impossible d'y accéder autrement (par le Sud) !

▶ **Plage de Ficajola**

L'étonnante plage couverte de gros grains de sable à l'extrême sud du golfe s'étale directement sous Piana, c'est pourquoi beaucoup de ses habitants la considèrent comme la leur. Entourée de rochers abrupts, elle propose des activités variées. Quelques cabanons tourmentés par le vent apportent une touche rustique à l'ambiance qui règne ici. Hors saison, les visiteurs sont beaucoup moins nombreux.

Arrivée : Prendre à Piana la D 824 qui mène à la Plage d'Arone puis suivre la D 624, raide et sinueuse,

La Plage de Peru couverte de sable fin s'étend sous le village de Cargèse.

qui descend à la Plage de Ficajola. Depuis le parking, il reste encore 10 mn de marche.

Golfe de Sagone
Plus vous progressez vers le Sud, plus la côte est propice à la baignade et plus les plages plates sont nombreuses (idéales surtout pour les jeunes enfants). Vous avez le choix entre de profondes criques rocheuses et de longs cordons sablonneux.

▶ Plage de Chiuni
La plage dans le Golfe de Chiuni se trouve au Nord de Cargèse. La baie est idéale pour les jeunes enfants mais comme la jolie plage de galets jouxte un club de vacances, elle est très animée en haute saison.

Arrivée : Suivre une petite route qui quitte la D 81 sur la gauche à 6 km environ du centre de Cargèse direction Porto vers la Plage de Chiuni.

▶ Plage de Peru
La plage de la petite ville de Cargèse s'étale en dessous des idylliques vieux quartiers du centre. La Plage de Peru est une belle plage de sable blottie dans la baie avec une mer turquoise. L'accès à la mer étant faiblement pentu, la plage est également parfaite pour les jeunes enfants.

Arrivée : Prendre depuis le Sud dans le centre de Cargèse au grand carrefour la route qui tourne à gauche de la D 81. Tourner à gauche à l'hôtel dans la Stretta Natale Luciani et la suivre jusqu'à la plage.

▶ Plage de Stagnoli
La longue plage de sable s'étale directement en bordure de D 81 mais elle n'est pas visible depuis la route et pas spécialement »fameuse«. C'est pourquoi elle est idéale – hors saison du moins – pour passer un moment tranquille en bordure de mer. La plage publique est accessible via un escalier rocheux. En été, la base nautique propose diverses activités sportives en mer.

Arrivée : Un grand emplacement réservé au stationnement se trouve à environ 7 km après Cargèse direction Sagone côté mer.

Bon à savoir : la Plage de Stagnoli entre Sagone et Cargèse n'est pas aussi surpeuplée que les autres.

▶ Plage de Sagone

La Plage de Sagone forme un spectacle impressionnant le long de la rue principale de la localité sur plus de 1 km dans toute la baie. Le plaisir de la baignade est encore accru par le sable très fin qui la couvre. Des hôtels et des restaurants la bordent. Après avoir passé la journée à la mer, l'idéal est de se restaurer dans l'une des nombreuses pizzerias.

Arrivée : Plusieurs itinéraires (panneaux) sont possibles depuis la D 81.

▶ Plage du Santana

La plage de rêve suivante n'est pas loin. Juste après Sagone direction Tiuccia, la Plage du Santana attend en effet les baigneurs. Cette bande sablonneuse, bordée d'une mer turquoise, s'étend également sur plus de 1 km.

Arrivée : Suivre après Sagone pendant environ 1 km la D 81 direction Tiuccia. La plage longe d'un bout à l'autre le village d'Esigna.

▶ Plage de Liamone

Attention au spectacle une fois au bout du Golfe de Sagone : la longue Plage de Liamone (2 km) en bordure d'une mer turquoise rappelle les Caraïbes avec son mélange de sable fin et de petits galets. Ceinte de dunes de sable, elle est deux fois plus belle. La rivière de la Liamone se jette dans la mer à peu près au milieu de la plage.

Arrivée : La longue plage commence à 2 km au Sud de Sagone, près de la D 81.

Golfe d'Ajaccio

Les belles plages sont innombrables dans le Golfe d'Ajaccio, que ce soit autour de la ville d'Ajaccio proprement dite ou le long du littoral jusqu'aux Îles Sanguinaires. La première est la plage d'Ajaccio puis les plages se succèdent les unes aux autres, toutes plus belles et paradisiaques que les autres. Comme il est vraiment impossible de les énumérer toutes, nous avons choisi de vous présenter les plus magnifiques. Sinon, vous pouvez toutes les voir depuis la route lorsque vous allez en directon des Îles Sanguinaires et vous décider spontanément où vous voulez vous arrêter pour vous baigner.

▶ Plage de Saint François

La longue plage de sable fin s'étire depuis la citadelle en bordure du Boulevard Pascal Rossini et de la vieille ville d'Ajaccio. Même hors saison, l'animation règne ici, mais les bruits de la circulation venant d'en haut sont peu gênants lorsqu'on est sur la plage. Si vous souhaitez un peu plus de calme, rendez-vous directement en contrebas de la citadelle sur une petite plage séparée de la grande. Plate, cette plage n'est pas aussi surpeuplée que l'autre.

Arrivée : Suivre dans Ajaccio les panneaux indiquant la citadelle. On accède à la plage par le Boulevard Pascal Rossini. Avec un peu de chance, on peut également trouver une place de parking (horodatrices !).

▶ Plage de Grand Capo

On se croirait aux Caraïbes ! Une plage de sable sauvage, vierge et idyllique à la fois, qui descend en pente douce vers une mer limpide. Pas étonnant que ce soit la plage préférée de la population locale. La Plage de Grand Capo se situe au nord de la Pointe de la Parata au Capo di Feno.

Arrivée : Suivre d'abord la D 111 direction Îles Sanguinaires puis, avant d'arriver au cap près de Vignola, tourner à droite dans la D 111B. Prendre à gauche à l'embranchement suivant puis continuer tout droit jusqu'à la plage (environ 6 km après l'embranchement de la D 111).

▶ Plage de Porticcio

Cette plage fait en tout et pour tout 5 km de long ! Elle commence à la périphérie de la ville d'Ajaccio, longe l'aéroport qui la touche presque, puis elle débouche en pleine nature juste avant Porticcio ! Les rochers en bordure de mer sont un merveilleux terrain d'escalade.

Arrivée : Depuis Ajaccio, rouler vers le Sud-Est sur la N 193. La plage se trouve sur la droite, avant l'aéroport, et elle est bien visible depuis la route.

▶ Plage d'Agosta

Mer vert émeraude et sable fin et blanc pour cette plage au Sud de Porticcio. Longue de 2 bons km, la large plage n'est pas vraiment petite. Seule restriction concernant les jeunes enfants : on perd vite pied quand on entre dans la mer.

Arrivée : Prendre aux Hameaux de Porticcio la D 55 direction Sud. La plage commence dès la sortie de la localité.

▶ Plage du Ruppione

La belle et grande étendue sablonneuse de la Plage du Ruppione commence au sud de la pointe d'Isolella. Ici aussi, on perd vite pied dans la mer, mais la plage est toutefois parfaite pour les familles avec des enfants.

Arrivée : Suivre la D 55 de Porticcio vers Ghiatone. Tourner à droite au rond-point dans le village et faire encore quelques mètres jusqu'au parking à gauche.

▶ Plage de Verghia

La Plage du Ruppione est bientôt suivie d'une autre belle plage de sable clair en bordure d'une mer toujours turquoise et limpide. Village Ruppione se dresse derrière la plage et s'accroche par endroits au versant.

Arrivée : Suivre la D 55 jusqu'au village Le Ruppione. La plage est à une rangée d'habitations de la D 55.

11 # Une adorable petite ville côtière

Porto, une ville entre littoral et montagne　　dès 3 ans

L'actuelle petite ville de Porto a été construite en fait sur l'ancien emplacement du port d'Ota, village de montagne situé dans les terres. Grâce toutefois au paysage enchanteur de la proche Calanche et aux nombreuses possibilités de loisirs ici offertes, le tourisme s'est bien développé dans la région – le port est devenu Porto, ville dotée d'une infrastructure appréciable. Il faut également mentionner que le Golfe de Porto et Porto sont inscrits désormais au Patrimoine Mondial de l'UNESCO !

INFOS EN BREF

Arrivée : Porto se situe sur la route côtière D 81 en bordure du Golfe de Porto entre Calvi au Nord (75 km) et Ajaccio au Sud (81 km).
Âge : À partir de 3 ans.
Durée de la visite : 1 journée.
Renseignements : Office de Tourisme, Place de la Marine, 20150 Ota, tél. 04 95 26 10 55, e-mail : office@porto-tourisme.com, www.porto-tourisme.com. Horaires d'ouverture : juillet et août tous les jours 9–19h, hors saison du lundi au vendredi 9–12h et 14–18h.
Équipement : Chaussures confortables, protection contre le soleil et maillot de bain.
Restauration : Nombreux restaurants, pizzerias et bars dans la vieille ville et en bord de mer.
Hébergement : Le camping 3 étoiles »Les Oliviers« se trouve au bord de la rivière avec piscine et infrastructures sportives (20150 Porto, tél. 04 95 26 14 49, www.camping-oliviers-porto.com). À l'entrée de Porto également, le »Camping Le Porto«, dans un site idyllique et ombragé au milieu d'arbres fruitiers et avec une belle vue sur les montagnes (tél. 06 85 41 50 74, www.camping-le-porto.com). Supermarchés, restaurants et location de vélos à proximité immédiate. Dans la partie haute de Porto, le camping aménagé en terrasses »Sole e Vista« offre une belle vue mais moins d'activités que »Les Oliviers« (tél. 06 08 41 98 69, www.camping-sole-e-vista.com). À moins de 500 m de la mer se trouve le »Camping municipal«, rudimentaire et très grand (tél. 04 95 26 17 76). Ceux qui préfèrent loger dans du dur peuvent opter pour le gîte d'étape »Chez Félix« situé à tout juste 5 km de Porto à Ota avec un restaurant et des chambres pour deux personnes et plus (20150 Ota, tél. 04 95 70 68 49, http://gite-chez-felix.com).

Ce joli pont enjambe la rivière Porto dans la marine.

Plage de galets en contrebas de Porto, juste à côté de l'embouchure de la rivière Porto.

Porto, seule ville d'importance en bordure de la baie du même nom, se divise en deux parties. En haut, on trouve surtout des pizzerias et des hôtels, en bas c'est le port au-dessus duquel trône la tour de garde pisane. C'est ici que la rivière Porto flanquée d'une allée d'eucalyptus se jette dans la mer. La petite place située face à la mer offre notamment en soirée un spectacle époustouflant lorsque le soleil rougeoyant disparaît derrière la tour et s'enfonce dans la mer.

C'est sur cette place que se trouve également l'une des principales attractions pour les familles : l'»Aquarium de la Poudrière«. On peut surtout y voir les poissons qui vivent en Méditerranée autour de la Corse et notamment dans la réserve naturelle La Scandola mais aussi des murènes, des pieuvres et des escargots géants. L'exposition n'est pas

très grande mais elle est bien aménagée et mérite une visite.

La **Tour de Porto** restaurée domine Porto dont elle est l'emblème. Contrairement aux autres tours corses, elle est visitable sur deux niveaux. Outre la vue magnifique sur

MUSÉES

Aquarium de la Poudrière : Ouvert tous les jours de début avril à début octobre 8–19h.

Tarifs : adultes 5,50 €, enfants de 7 à 12 ans 3 €. Billet combiné aquarium et tour génoise : adultes 6,50 €, enfants 3 €.

Tour de Porto et Musée de la Bruyère : Ouverts tous les jours d'avril à fin septembre 11–19h, juillet et août 9–21h.

Tarifs : adultes 2,50 €, gratuit pour les enfants jusqu'à 12 ans.

La tour de garde, l'emblème de Porto, se visite.

la mer et les montagnes de l'autre côté, il est conseillé d'aller voir l'exposition permanente »Fortifications sur le littoral corse« qui vous apprendra certaines choses intéressantes sur les tours de garde construites sur l'île. Le prix de la visite comprend également l'entrée du **»Musée de la Bruyère«** consacré à l'erica arborea qui est une plante dont les artisans de la région se servent par exemple pour fabriquer des pipes à tabac (avec les racines).

Porto n'a pas que des expositions à proposer à ses visiteurs. Dans le port par exemple, les clubs qui proposent des activités sportives nautiques se succèdent les uns aux autres sur les berges de la petite rivière. L'activité principale est ici la **plongée** – du cours de découverte à la sortie de plongée pour professionnels. Un cours de découverte de deux à trois heures (8 ans minimum) pour les enfants, trajet en bateau et matériel compris, coûte environ 40 €. Nous vous recommandons ici le club »Génération Bleue« (www.plonge-plus-bleu.fr.) qui propose un service spécial : vous pouvez en effet visionner au préalable de petits films de sortie en plongée tournés le jour même puis décider si cette destination est suffisamment intéressante pour vous.

Vous n'êtes toutefois pas obligé de plonger dans les profondeurs du Golfe de Porto, vous pouvez, si vous préférez, faire une promenade en bateau. Les bateaux à fond de verre par exemple attirent ici de nombreux touristes : ils mettent en général le cap sur la réserve naturelle La Scandola et permettent aux passagers d'admirer à travers leur fond en verre le monde sous-marin. On peut aussi bien sûr louer un bateau à moteur, un kayak ou un canoë pour explorer la côte de son propre chef.

Une fois franchi le pont qui enjambe la rivière, vous vous retrouvez sur la plage de galets noirs de Porto (du sable a été déversé dans la partie arrière). Cette plage de 500 m de large est un lieu idyllique entre une paroi rocheuse au Sud et des eucalyptus à l'Est (cf. p. 68). On perd toutefois vite pied dans la mer et comme le courant est fort ici lorsque le ressac est important, cette plage est déconseillée aux petits-enfants.

Les alentours de Porto sont extrêmement séduisants. Les formations rocheuses des Calanches (randonnées 12 et 13) ainsi que la réserve naturelle de La Scandola comptent parmi des destinations extraordinairement belles. Les villages de montagne d'Ota et d'Evisa séparés par les Gorges de la Spelunca (randonnée 14) offrent également des randonnées très diversifiées.

Pour découvrir de manière active l'arrière-pays montagneux, les familles sportives peuvent louer des vélos à Porto (sur la D 81 entre les deux grands supermarchés.)

PISCINE NATURELLE D'AITONE

La Forêt d'Aitone, l'une des plus belles forêts de pins noirs de toute la Corse, s'étend en bordure du sentier de grande randonnée »Mare e Mare«. C'est dans cette forêt que se cache un site de baignade très spécial. La maison forestière au-dessus d'Evisa sur la route menant au Col de Vergio est un bon point de départ pour partir en randonnée jusqu'aux cascades et à la piscine naturelle (deux heures de marche sans halte baignade en tout). Le randonneur rejoint sa destination par un chemin forestier qui traverse l'Aitone par un pont. Après ce pont, il continue le long de la rivière pour accéder enfin par des marches de pierre à la »Piscine Naturelle«. Ce sont en fait plusieurs bassins d'eau plutôt froide qui sont très fréquentés en été. Une cascade se jette alertement dans le vide juste en dessous.

12 Le grand labyrinthe rocheux

Sortie escalade dans les rochers des Calanches   dès 6 ans

S'il n'y avait pas la mer d'un bleu profond en toile de fond, on pourrait se croire dans Far West américain. Des aiguilles et des tours rocheuses rougeâtres aussi loin que porte le regard – et il porte très loin d'ici en haut au cœur du merveilleux paysage de la Calanche. L'itinéraire d'aujourd'hui est inattendu et fascinera le randonneur avec des parties d'escalade mais aussi des passages de randonnée solitaire et feutrée sur un ancien chemin muletier. Il faut savoir constamment faire preuve d'un peu d'imagination car certains rochers ressemblent à un lion, à la tête d'un aigle ou à une coiffe indienne.

INFOS EN BREF

Départ : Emplacement de stationnement près du kiosque »Les Roches Bleues« sur la D 81.

Arrivée : Prendre à Porto la D 81 direction Piana. Le point de départ se trouve à 5 km environ de Porto près d'un petit emplacement de stationnement (à gauche) immédiatement après le kiosque (balisage marron et statue de la Vierge).

Difficulté : Plusieurs montées longues et raides entrecoupées de passages modérés. »Ancien Chemin« par endroits exposé et non sécurisé. Un pied sûr est indispensable. L'itinéraire est balisé en rouge-bleu.

Âge : À partir de 6 ans.

Temps de marche : 2h.

Longueur : 3,1 km.

Dénivelée : 250 m à la montée et 270 m à la descente.

Équipement : Chaussures de montagne ainsi que protection contre le soleil.

Restauration : Directement au kiosque »Les Roches Bleues« sur la D 81 à la fin de la randonnée. Il vend des glaces, des boissons et des sandwichs. Restaurants et pizzerias à Porto et Piana.

Hébergement : Campings à Porto (cf. p. 72).

En haut : L'ancien chemin muletier est déjà une belle attraction à lui seul.
À gauche : Allons, un peu d'imagination : Serait-ce une main tout au fond ?

La **statue de la Vierge** (1) marque le point de départ de l'aventure. La première courte montée, rocailleuse et abrupte, suit d'étroits lacets ou emprunte parfois des marches dans la roche. Dès la première éminence toutefois, vous avez une vue grandiose sur le Golfe de Porto et le chaos de rochers de la Calanche. Après cette montée fatigante, les rochers de granite rouge sur le plateau invitent à une partie d'escalade avant de gravir quelques marches rocheuses pour rejoindre bientôt l'»Ancien Chemin« (2), sentier qu'empruntaient autrefois les mulets entre Ota et Piana. Le chemin pavé construit contre les rochers est risqué. Non sécurisé, il descend plutôt abruptement côté droit et vous pouvez voir tout en bas les voitures qui circulent sur la D 81 et qui ne sont pas plus grosses qu'un jouet. Après avoir contourné un rocher sur

ce sentier, vous arrivez à un **carrefour** avec des panneaux.

Suivez à gauche celui qui indique »Les Roches Bleues«. Juste après le carrefour, vous débouchez sur une pinède. La traversée de cette forêt ombragée est un délice, surtout

Des cairns de toutes tailles montrent le chemin à suivre.

quand il fait très chaud. Le chemin monte timidement au départ avant de se redresser fortement et de s'étirer sur un terrain de plus en plus rocheux mais vous êtes motivé par la vue sur les immenses **rochers** tourmentés sur la croupe monta-

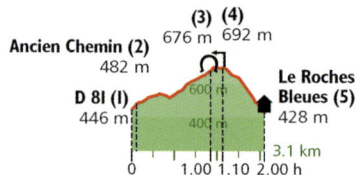

gneuse face à vous et qui semblent vous attendre pour une partie d'escalade. Les cairns mais aussi les repères rouges et bleus sont de plus en plus nombreux et vous montrent que vous êtes assurément sur la bonne route.

Arrivés ici à la **croupe montagneuse** (3), les jeunes randonneurs ont enfin atteint le point fort de la randonnée pour eux. On a l'impression ici que la nature a utilisé les rochers pour créer une véritable aire de jeux. Partez donc à la découverte.

78

BONJOUR LES ENFANTS

Vous voulez que je vous raconte une petite histoire qui fait peur ? Il y a une légende qui dit que le Diable serait venu un jour jusqu'ici dans les Calanches et que pour punir une bergère qui se refusait à lui, il aurait créé dans sa colère les rochers des Calanches – une cité fantastique de créatures mystérieuses rendue inhabitable par un mauvais sort. C'est alors qu'arrive saint Martin qui bénit les rochers, écarte ainsi le sort qui les accable, créant ainsi le Golfe de Porto. Et si vous ouvrez bien les yeux, vous apercevrez peut-être aujourd'hui encore la bergère avec son chien et son époux ou même saint Martin ! La coloration rougeâtre des rochers en forme de châteaux au crépuscule rappelle encore paraît-il le mauvais sort jeté par le Diable …

Pendant que les enfants explorent les rochers truffés de cavernes et escaladent tout ce qui se laisse escalader, les adultes admirent le magnifique panorama et succombent au charme fascinant qui émane des formations rocheuses. Par ailleurs, vous voyez ici clairement pourquoi ces rochers s'appellent tafonis : ce mot est corse et signifie »roche trouée«. Il suffit de les toucher pour se rendre compte que certains sont véritablement poreux.

Au bout d'un petit moment, vous vous enfoncez à nouveau dans la forêt. Une délicieuse odeur de pin flotte dans l'air ! Continuez à suivre les panneaux indiquant »Les Roches Bleues« jusqu'à un **embranchement** (4) en plein cœur de la forêt. Aucune indication malheureusement ici pour savoir où aller sauf deux gros rochers sur la gauche. Passez à gauche et faufilez-vous au milieu de la verdure et des nombreuses fougères jusqu'au chemin qui descend à la route. Extrêmement raide, il vous mène toutefois

Petite partie d'escalade dans les rochers.

en 15 mn environ jusqu'en bas en bordure de la D 81 où vous pouvez vous restaurer au **kiosque »Les Roches Bleues«** (5). Pour éviter de longer la route très fréquentée jusqu'au parking, il vaut mieux que l'un des parents aille chercher la voiture.

13 ▶ Des chiens et des châteaux en pierre

Mystérieuses Calanches   dès 3 ans

C'est le parcours idéal pour tous les très jeunes grimpeurs en herbe : l'itinéraire très fréquenté part du rocher baptisé »Tête du Chien« et va jusqu'à un imaginaire »Château Fort«. Même si elle courte, cette randonnée est tout sauf ennuyeuse car le sentier rocheux est truffé de petits passages raides qu'il faut franchir par des marches et des blocs de rocher. L'itinéraire à suivre est bordé des deux côtés de rochers qui offrent un divertissement supplémentaire aux enfants plus âgés qui peuvent quitter le chemin pour s'adonner à l'escalade.

INFOS EN BREF

Départ : Parking »Tête du Chien« sur la D 81.
Arrivée : Prendre à Porto la D 81 direction Piana. Le grand parking se trouve dans un virage près du rocher dit »Tête du Chien« (500 m environ avant le kiosque »Les Roches Bleues«).
Difficulté : Itinéraire simple mais mieux vaut que les enfants aient un pied sûr en raison du terrain rocheux. Le chemin à suivre est balisé en bleu-blanc.
Âge : À partir de 3 ans.
Temps de marche : 1h.
Longueur : 1,7 km.
Dénivelée : 130 m à la montée et à la descente.
Équipement : Chaussures solides.
Restauration : Kiosque »Les Roches Bleues« un peu plus loin direction Piana sur la D 81. Restaurants et pizzerias à Porto et Piana.
Hébergement : Campings à Porto (cf. p. 72).

La randonnée débute à la **»Tête du Chien«** (1) à droite de laquelle commence l'itinéraire balisé en bleu-blanc qui, selon le panneau, mène au »Château Fort«. Vous passez bientôt devant un extravagant **rocher avec une »caverne«** (2) dans une clairière – qui osera entrer dedans ? Après cette clairière, le chemin encore très large tourne à gauche et s'étire un moment à travers une pinède. Dès que vous avez laissé derrière vous les grands arbres, le chemin se rétrécit et n'est plus aussi ombragé – mais bien plus

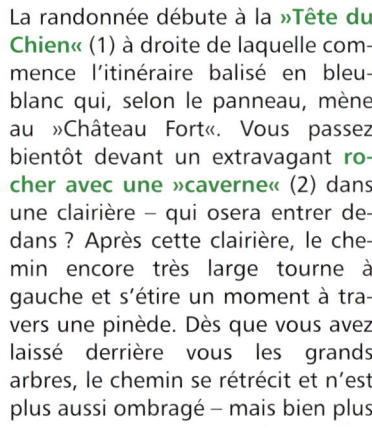
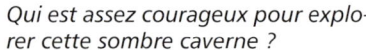

Qui est assez courageux pour explorer cette sombre caverne ?

Voilà – Le »Château fort« ! Un impressionnant rocher coiffé d'une espèce de forteresse.

intéressant pour les enfants. Vous pouvez apercevoir de temps en autre votre destination en cours de route, l'impressionnant plateau rocheux avec le Golfe de Porto en toile de fond. Après un grand nombre de lacets et de montées, la mer d'un bleu profond surgit brusquement à vos pieds. La vue est si magnifique qu'elle coupe le souffle et pas seulement aux adultes. Vous vous trouvez ici à une hauteur vertigineuse sur un bloc de rocher pareil à une forteresse, à 330 m au-dessus de la mer (3). Vous voyez à côté de vous les rochers bizarres des Calanches tandis que le **»Château Fort«** se dresse majestueusement devant vous au-dessus de la mer. Le spec-

tacle de ces rochers aux formes fantastiques est particulièrement beau dans la lumière crépusculaire car le rougeoiement des rochers est encore plus resplendissant à cette heure-là.   Après avoir examiné de plus près le chaos de rochers et exploré les moindres recoins du plateau, reprenez le même chemin pour retourner au **parking**.

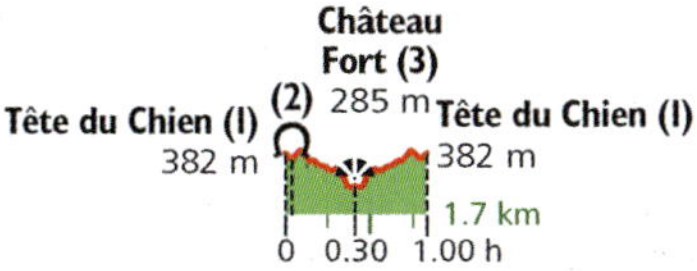

14 Aventure dans les Gorges de la Spelunca

La sauvage vallée fluviale entre Evisa et Ota   dès 6 ans

Les Gorges de la Spelunca étant connues de tous, il faut évidemment s'attendre à de nombreux randonneurs notamment en été. D'un autre côté, c'est l'une des plus belles attractions sur l'île et leur traversée est un »must«. La route qui mène au point de départ de la randonnée à Evisa est déjà une sensation à elle seule. La D 84 en provenance de Porto est ici une étroite route qui monte en serpentant à travers les montagnes au-dessus des gorges. Très panoramique avec d'impressionnantes vues dans le vide, elle est souvent bordée de troupeaux entiers de cochons domestiques. Le nom de »Spelunca« vient du latin et signifie »caverne«. Jadis, le chemin à travers les gorges était la seule voie de communication entre Evisa et Ota et les mulets lourdement chargés devaient emprunter ce chemin pénible.

INFOS EN BREF

Départ : Cimetière d'Evisa.
Arrivée : Rouler depuis Porto vers l'intérieur des terres par la D 84 jusqu'à Evisa. Se garer à l'entrée du village près du cimetière.

Difficulté : Descente longue et raide dans les gorges, sinon randonnée facile. Montée vers Ota en fin de parcours. L'itinéraire est balisé en orange et emprunte un tronçon du sentier de grande randonnée »Mare et Monti«.
Âge : À partir de 6 ans.
Temps de marche : 3h.
Longueur : 6,2 km.
Dénivelée : 600 m à la descente et 120 m à la montée.
Équipement : Chaussures de montagne, maillot de bain.
Restauration : Rien en cours de route. Pizzerias à Evisa et Ota. Restaurant »Chez Félix« à Ota. Un peu cher, il propose toutefois une bonne cuisine traditionnelle.
Hébergement : »Chez Félix« est également un gîte d'étape qui loue des chambres et des studios pour quatre personnes maximum (20150 Ota, tél. 04 95 70 68 49, http://gite-chez-felix.com). Le **camping** »L'Acciola« se trouve à 5 mn au-dessus d'Evisa. Simple, propre, idylliquement situé, il possède également une pizzeria qui fait de bonnes pizzas au four (20126 Evisa, tél. 04 95 26 23 01, www.acciola.com).
Remarque : Il est possible d'appeler un taxi pour rentrer à Evisa depuis Ota.

À travers les gorges parfois étroites de la Spelunca.

Premier but d'étape : le romantique Pont de Zaglia.

La randonnée démarre à la chapelle près du **cimetière** (1) d'Evisa : un grand panneau avec l'inscription »Spelunca Mare e Monti« vous montre le chemin à suivre pour vous lancer dans l'aventure (carte ici).

Vous commencez par descendre par un chemin rocheux le long de petits lacets qui font place plus tard à une sorte d'escalier (dénivelée : environ 550 m). C'est d'ailleurs la raison pour laquelle il vaut mieux faire la randonnée dans ce sens lorsqu'on a des enfants plutôt que depuis Ota – afin d'éviter la montée pénible en fin de parcours. L'itinéraire est jalonné de pancartes avec d'intéressantes informations et de jolies illustrations qui plaisent également aux enfants. Le sentier est ensuite très raide mais au bout d'environ 1h20 de descente, vous arrivez enfin au fond de la vallée et au plus bel endroit des gorges : le **Pont de Zaglia** (2). Ce

BONJOUR LES ENFANTS

Lorsque la République de Gênes fait main basse sur la Corse au 15ème siècle, elle entreprend la construction de tours de garde et de jolis ponts qui servaient principalement à l'acheminement de marchandises et de nourriture.

Le Pont de Zaglia est un exemple typique et impressionnant de pont à arches même si ses plans datent seulement de 1712 et s'il n'a été construit qu'en 1797 par Antonio Bensa, artisan maçon. Ce pont devait faciliter aux bergers l'accès aux pâturages durant la transhumance et permettre également aux habitants d'Evisa de fuir en cas de danger.

Les accès à la rivière sont beaux après avoir franchi les gorges.

pont à arches génois, très romantique, enjambe la rivière où quelques magnifiques emplacements vous attendent pour vous baigner. C'est ici que se rejoignent les rivières Aitone et Tavulella. Vous avez maintenant le choix : soit vous vous rafraîchissez dans l'un des bassins tout près du pont, soit vous suivez le cours de l'une des deux rivières vers le Nord-Est pour barboter dans un endroit plus calme et plus abrité des regards. Et si vous ne voulez pas vous baigner, vous prendrez certainement plaisir à escalader les immenses rochers blancs et polis ou à construire des barrages.

Après une longue halte, franchissez le pont pour entrer dans les gorges proprement dites. Vous avancez entre des parois rocheuses escarpées avec les pieds dans la rivière sur un étroit sentier rocheux et sinueux qui donne un peu l'impression de marcher à travers une forêt vierge à cause du maquis qui pousse des deux côtés. De temps en temps, une cabane en pierre abandonnée qu'il faut naturellement explorer surgit en bordure du chemin qui monte et descend constamment. Des pancartes sur les côtés continuent de vous en dire plus sur la faune et la flore qui vous entourent. 45 mn après le Pont de Zaglia, vous retrouvez la rivière avec un bel emplacement de baignade. L'accès à la rivière est plat et facile. De splendides rochers d'où vous pouvez déjà voir le **pont** (3) suivant trônent au milieu du cours d'eau. Il est possible d'aller en voiture jusqu'à ce pont et donc de descendre ici dans les gorges.

Vous voilà presqu'au bout au parcours. Après un court passage sur la

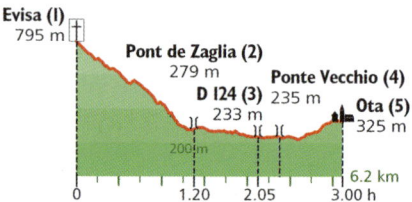

chaussée, suivez à droite, juste après le pont routier, le balisage orange le long du terrain de sports jusqu'au **Ponte Vecchio** (4) qui a été construit lui aussi dans un paysage idyllique. Dernière possibilité de baignade ici ! Vous franchissez la rivière par le vieux pont génois au bout duquel un cairn sort son nez et observe les randonneurs. Continuez encore un moment à droite le long de la rivière. Les crottes de chèvre sur le sol prouvent que cet itinéraire n'est pas emprunté que par les randonneurs. Vous finissez par vous éloigner du cours d'eau et vous gravissez le dernier passage après lequel vous arrivez à Ota, dernière station de la traversée des gorges, pour retrouver la civilisation au gîte d'étape »**Chez Félix**« (5). Vous n'êtes pas obligé de retourner à pied à Evisa, soit appelez un taxi, soit faites en sorte que l'un d'entre vous se sacrifie et aille chercher la voiture.

La randonnée s'achève au village d'Ota.

15 # Randonnée de découverte près de Cargèse 🚶🚶

La tour de garde sur la Punta d'Omigna   dès 6 ans

Les mystérieuses tours rondes génoises ayant depuis longtemps éveillé le goût de l'aventure chez les jeunes vacanciers, la randonnée d'aujourd'hui vous conduit jusqu'à l'un de ces imposants édifices que vous pourrez examiner de plus près. Votre destination est la Tour d'Omigna au Nord de Cargèse après un itinéraire truffé de surprises qui n'est pas aussi fréquenté que les chemins menant aux tours génoises »plus célèbres«. La tour sur la presqu'île d'Omigna est bien préservée et accessible aux plus audacieux. En cours de route, rencontre avec plusieurs troupeaux de vaches et exploration de maisons en ruines en bordure du chemin.

INFOS EN BREF

🏕️ 🏞️ ⛺ 🚶

Départ : Parking à la Plage de Peru au nord de Cargèse.

Arrivée : La route se divise en plusieurs branches à un grand carrefour dans Cargèse. Depuis le Sud, suivre la route qui bifurque à gauche de la D 81. À l'hôtel »Résidence Hélios«, prendre à gauche la Stretta Natale Luciani puis continuer en direction de la plage. Panneau »Umigna Tour Génoise« au point de départ de la randonnée.

Difficulté : Randonnée certes simple mais assez longue avec quelques montées modérées rares. L'itinéraire est balisé. Pas d'ombre sur presque tout le parcours ! Éviter donc de partir en randonnée sur le coup de midi ou par temps très chaud.

Âge : À partir de 6 ans.

Temps de marche : 3h.

Longueur : 7,1 km.

Dénivelée : 140 m à la montée et à la descente.

Équipement : Chaussures de tennis ou sandales de trekking.

Restauration : Rien en cours de route. Nombreux cafés et restaurants dans le centre-ville de Cargèse, quelques pizzerias et restaurants avec terrasses au port de Cargèse à proximité.

Hébergement : Le »Camping Torraccia« à environ 2 km après la sortie de Cargèse direction Porto (nord), en bordure de la D 81 (20130 Cargèse, tél. 04 95 26 42 39, www.camping-torraccia. com). Pizzeria et magasin d'alimentation.

Le point de départ de la randonnée se situe près d'une barrière au-dessus de la belle **Plage de Peru** (1) où vous pouvez piquer une tête dans la mer avant ou après l'excursion.

Après avoir marché un bon moment le long de la large route caillouteuse – avec, côté gauche devant sur le cap, la tour dans votre champ de vision – vous arrivez à une autre barrière. Prenez juste avant d'y arriver à gauche un étroit chemin qui s'enfonce au cœur du maquis et qui monte légèrement en serpentant à travers la bruyère. La tour disparaît momentanément de votre champ

Plage de Peru (I) 25 m	Tour d'Omigna (4) 10 m	Plage de Peru (I) 25 m
	(2) 41 m (3) (3) (2) 41 m	7.1 km
0	1.00 1.40	3.00 h

Vue de près, cette tour de garde est vraiment impressionnante !

Les vaches d'un gros troupeau ne quittent pas les randonneurs d'une semelle.

de vision. Il arrive qu'on soit surpris ici par l'apparition soudaine à droite ou à gauche de ce mystérieux sentier d'une vache surgie des broussailles ! Vous arrivez à une autre barrière où les vaches se donnent apparemment rendez-vous. Ces animaux curieux vous observent avec un intérêt au moins égal au vôtre. Avec un peu de chance, vous verrez quelques adorables petits veaux qui sont attentivement surveillés par leurs mères. À partir d'ici, le chemin est un peu plus large et dégagé. Les vaches vous accompagnent tout au long du parcours, provoquant de temps à autre d'inquiétants bruissements dans les buissons. Vous rejoignez enfin deux **bâtisses en pierre** (2) tombées en ruines. L'une pourrait avoir été une maison d'habitation tandis que l'autre, plus petite, abritait le four – Hansel et Gretel ne sont pas loin !

Il ne vous reste plus que quelques mètres à faire jusqu'à la tour génoise qui resurgit soudain comme par magie devant vous. Commencez par admirer le magnifique **panorama** (3) sur la presqu'île et la mer puis gravissez l'étroite langue de terre courte et très raide qui relie la Punta d'Omigna à la »terre ferme«. Vous avez maintenant atteint votre but, cette construction qui trône devant vous et qui ne vous semblait pas si imposante de loin : la **Tour d'Omigna** (4). Vous voyez sur le côté une échelle qui est là depuis la restauration et à laquelle il manque quelques barreaux. Attention, évitez que les jeunes enfants y montent car l'ascension n'est pas facile, mais les plus grands seront enchantés surtout s'ils ont un pied sûr !

Cet endroit est trop beau pour devoir le quitter si vite. Pourquoi ne pas faire preuve d'audace et descendre jusqu'à la mer ? Il suffit d'être un peu agile et de descendre à gauche de la tour enjambant les rochers jusque tout en bas ou d'escalader dans les rochers abrupts à droite de la tour un chemin à travers le labyrinthe des pics rocheux.

Vous n'êtes pas obligé de suivre jusqu'au bout le chemin de l'aller. Après être descendu de la tour par le chemin raide et avoir rejoint la »terre ferme«, vous apercevez un sentier qui part sur la gauche et qui s'étire un moment sur le côté Nord du cap avant de retrouver près des maisons en ruines l'itinéraire connu de l'aller qui vous ramène à la **Plage de Peru**.

C'était probablement par là que passaient jadis les guetteurs pour entrer dans la tour !

BONJOUR LES ENFANTS

Vous découvrez un âtre dans la tour – il existe depuis quand à votre avis ? Quand est-ce qu'on a fait pour la dernière fois un feu ici pour envoyer un signal aux tours de garde environnantes ? Car c'est bien la raison pour laquelle on a construit autant de tours sur la côte : elles sont en effet disposées de manière à pouvoir toujours voir depuis une tour les tours voisines. Les guetteurs pouvaient alors communiquer en cas de danger en lançant des signaux avec les feux. Vous pouvez distinguer depuis les créneaux de la tour (mais aussi depuis en bas) d'autres tours dans toutes les directions. Elles sont construites pour la plupart sur des caps qui n'avancent pas aussi loin dans la mer que le nôtre, ce qui explique pourquoi nous avons une très bonne vue sur les tours voisines. Vous voyez au Nord la Tour d'Orchinu et même tout au loin la fameuse Tour de Turghiu sur le Capu Rosso. Au Sud, vous apercevez trois tours à la fois si le temps est dégagé – celle à l'extrême Sud est reconnaissable aux Îles Sanguinaires juste en face de la côte.

16 ▶ Rallye de baignade

Découverte d'un paysage sauvage à partir de Vico   dès 3 ans

Cette randonnée permet de traverser en voiture des paysages intacts et sauvages et de faire quelques haltes dans de beaux emplacements de baignade peu fréquentés. Cette excursion romantique débute à Vico, village de montagne à quelque distance de la côte occidentale dans les terres au nord-est de Sagone, qui ressemble à un vestige des temps passés.

INFOS EN BREF

Départ : Village de montagne de Vico.
Arrivée : Suivre depuis Sagone la D 70 jusqu'au Col St-Antoine puis continuer par la D 23 vers Vico.
Difficulté : Aucune difficulté, les points de baignade sont en bordure de route. Déconseillé éventuellement aux enfants malades en voiture (route très sinueuse, surtout au début).
Durée du trajet : Environ 31 km de Vico à l'embranchement de la D 125 au Pont de Cruzini, 1 h environ de route sans aucune pause.
Âge : À partir de 3 ans.

Équipement : Sandales de bain et maillot de bain, protection contre le soleil.
Restauration : Petits restaurants typiques dans le cœur historique de Vico sur la place de la fontaine. Petite pizzeria avec de délicieuses pizzas au-dessus du site de baignade au Pont de Belfiori.
Hébergement : Le camping »La Sposata« à 1 km de Vico (direction Evisa) idylliquement lové dans un écrin de verdure (20219 Vico, tél. 04 95 26 61 55, www.lasposata.com). Bien situé entre les montagnes et la mer, il propose diverses activités (tennis, équitation, randonnée et baignade). Possibilité aussi d'acheter du pain, des pâtisseries, des boissons et des glaces dans le camping.

Quittez le village de **Vico** en voiture et prenez la D 23 direction Murzo. Le premier bassin de baignade est à 2 km à peine au **Pont de Silvani**. Vous pouvez vous garer près d'une cabane en bois et prendre le chemin de la rivière après le pont. Vous tombez d'abord sur une barrière qui n'est pas fermée. Vous pouvez la franchir et chercher un joli coin en bordure de l'affluent du Liamone. Un chemin de randonnée longe également le cours d'eau et vous pouvez le suivre un moment. Si vous cherchez un endroit plus tranquille et pas trop près du pont pour vous baigner, vous le trouverez certainement ici.

1 km seulement après le Pont de Silvani, vous arrivez à un lieu de baignade un peu plus grand et plus connu au **Pont de Belfiori**. Le pont génois enjambe ici le lit relativement large du Liamone. Lorsque la rivière charrie beaucoup d'eau, il est possible de se baigner sans problème des deux côtés du pont. Vous pou-

Les haltes baignade dans les marmites de géant en cours de route sont les bienvenues.

RANDONNÉE À FAIRE

Vous pouvez ajouter à cette excursion une troisième activité, à savoir la randonnée. Des panneaux indiquant des sentiers de randonnée jalonnent la route entre Vico et Azzana. Ils ont la forme d'une flèche et sont parfaitement visibles. Juste avant Salice par exemple (vous voyez déjà le panneau avec le nom du village), un repère de ce genre signale la Cascade de l'Ancone. Il faut gravir pour y aller la pente abrupte sur la gauche. Vous pouvez vous garer à droite de la route dans un emplacement réservé au stationnement.

vez également suivre le cours d'eau vers l'amont pour accéder à d'autres sites de baignade calmes.

Poursuivez maintenant votre randonnée sur la route sans halte baignade pendant un bon moment mais le trajet est plutôt rocambolesque avec des chèvres, des cochons et des vaches qui se promènent le long de la chaussée voire parfois dessus. Depuis le Pont de Belfiori, continuez en voiture sur la D 23 vers **Murzo**. Une fois là, tournez à droite dans la D 4 très sinueuse direction Rosazio pour rejoindre au bout de 8 km le village de **Muna**. Encore 5 km et vous êtes à **Rosazia** puis à **Salice** après 6 km supplémentaires.

Le tronçon vers **Azzana** est maintenant très sinueux (vous êtes toujours sur la D 4). Environ 3 km après avoir traversé ce village, vous arrivez au dernier site de baignade de la randonnée au Pont d'Azzana au-dessus de la rivière **Cruzini**.

Si vous voulez transformer cette simple excursion en circuit, il vous suffit de retourner maintenant à votre point de départ en prenant à droite après le pont la D 125 en direction de la côte occidentale. Environ 1½ km après le bourg d'Arro, la D 125 fait place à la D 1. Vous pouvez ici soit aller à droite jusqu'au Col St. Antoine près de Vico, soit vous diriger vers le Sud-Ouest puis prendre la D 25 sur la côte occidentale. Il est possible également de rejoindre la N 193 dans la Vallée de la Gravona par la D 4 (à gauche après le Pont de Cruzzini) ce qui fait 22 km de plus de route.

17 ▶ Par monts et par vaux à cheval

La ferme équestre »Le Ranch« à Sagone   dès 8 ans

La sensation d'être un cowboy dans le Far West est comprise dans le prix de la sortie organisée par la ferme équestre »Le Ranch«. Non seulement parce que les cavaliers progressent au milieu d'une rivière et qu'ils ont parfois de l'eau jusqu'aux mollets mais aussi à cause des passages rocheux qui montent et qui descendent et du galop effréné à travers champs. Découvrir la Corse de cette manière, à califourchon sur un cheval, est une expérience très spéciale et certainement inoubliable pour toute la famille.

INFOS EN BREF

Arrivée : La ferme équestre est à 2 km environ après le village de Sagone vers le Nord direction Vico sur le côté gauche de la chaussée de la D 70.
Âge : À partir de 8 ans.
Horaires d'ouverture : Ouverte toute l'année. D'octobre à mai, l'accent est mis sur le travail avec les chevaux (cours d'équitation surtout), d'avril à septembre sur les promenades. Pour réserver une sortie, téléphoner au 04 95 28 01 57 ou le faire sur place au préalable.
Tarifs : Une sortie d'une heure coûte 18 €, 2h 30 € et une journée 60 € (par personne, enfants ou adultes).

Équipement : Location de bombes possible au centre. Sinon, chaque cavalier doit porter des pantalons longs et des chaussures de sport ou de randonnée.
Restauration : Nombreux restaurants et cafés, pour certains magnifiquement situés en bord de mer, dans le proche village de Sagone.
Hébergement : Le camping 3 étoiles »Sagone« (20118 Sagone, tél. 04 95 28 04 15, www.camping-sagone.com) se trouve à 600 m de la plage à Sagone. Location de caravanes, studios et de mobilhomes. Le camping possède une piscine, un magasin et un restaurant. Très important : en juillet et août, club enfants ainsi qu'activités sportives et programme d'animation dans le camping.

Que vous ne soyez jamais monté à cheval ou que vous soyez un cavalier émérite, aucune importance à la ferme équestre »Le Ranch«. Personne ne s'en inquiète, ni à la réservation, ni à votre arrivée à la ferme. Ce n'est qu'au moment de monter à cheval qu'on vous pose la question ! Apparemment, les capacités du cavalier ne jouent aucun rôle car les chevaux ont tous l'air d'avoir bon caractère et d'être dociles. Si besoin est, vous êtes accompagnés par deux encadrants dans votre sortie, et ceux-ci peuvent vous donner des instructions.
Il faut posséder une certaine dose de courage pour faire du cheval à travers les versants rocheux et cou-

Découverte à dos de cheval de l'arrière-pays de Sagone qui ressemble à une jungle.

BONJOUR LES ENFANTS

Si vous n'êtes jamais montés à cheval, il existe quelques règles de base techniques qui vous permettront d'aborder plus facilement votre première sortie, notamment lorsque le terrain est aussi peu praticable qu'ici. Pour faire savoir à un cheval ce que vous attendez de lui, vous devez lui transmettre des »instructions« en usant de votre poids et de vos mollets. Si vous voulez ralentir ou vous arrêter, pesez sur la selle de tout votre poids. Si vous souhaitez que le cheval passe du pas au trot, pressez doucement vos mollets contre le corps du cheval. Si votre monture ne réagit pas à ces ordres, vous devez alors utiliser les rênes : relâchez-les pour que le cheval accélère l'allure et tirez-les vers vous pour qu'il ralentisse ou qu'il s'arrête. Il est important de se tenir bien droit sur le cheval et de ne pas s'affaisser comme un sac de pommes de terre. Si vous déplacez votre poids vers la droite ou vers la gauche, vous indiquez à votre cheval non seulement la direction à suivre mais vous le soulagez également dans les endroits délicats. Dans le terrain défoncé autour de Sagone justement, vous devez soulager de temps en temps la croupe de votre monture en mettant vos pieds dans les étriers et en vous penchant en avant dans les montées raides et cailouteuses. À l'inverse, penchez-vous en arrière lorsque le cheval descend. Voilà les principales règles à respecter, mais vous verrez que cela devient vite automatique. En outre, les chevaux de la ferme équestre »Le Ranch« sont très débonnaires et ils connaissent si bien le chemin que le cavalier n'a pas trop de »travail«.

verts de maquis ainsi que dans le lit rocailleux de la rivière Le Sagone où les chevaux doivent chercher un chemin pas à pas. Mieux vaut ici faire confiance à l'instinct naturel des bêtes qui connaissent le chemin et profiter tout simplement du paysage et de la nature ainsi que des sensations agréables que procurent cette sortie à cheval.

Dès le départ de la randonnée en direction du Golfe de Sagone, vous traversez une véritable forêt vierge dans laquelle des lianes pendent aux arbres et des broussailles épineuses bordent le chemin. Le parfum qui flotte dans cette partie de la forêt est délicieux et apporte des sensations apaisantes aux grands et aux petits. Vient ensuite un galop à travers champs – mais seulement si vous êtes suffisamment sûrs de vous. On n'oblige personne à le faire et on n'abandonne personne ici.

Après un bref passage sur la route, cavalier et monture retrouvent un terrain peu praticable. Franchie une nouvelle montée, vous découvrez des vues grisantes sur le Golfe de Sagone. Dommage que la durée de la sortie à cheval (1 ou 2 h) ne permette pas de faire un détour par la plage. La sortie d'une journée donne en revanche la chance d'explorer les anciens sentiers muletiers autour de Sagone. Nous vous conseillons la randonnée de 2 h qui est plus variée et intensive que celle d'une heure. Vous aurez certes plus de courbatures mais cela en vaut la peine !

18 ▶ Sur les traces de Napoléon

Ajaccio – Préfecture de la Corse dès 4 ans

Vous êtes aujourd'hui à Ajaccio : la préfecture de la Corse vous attend et vous réserve quelques surprises ! Avec une population de tout juste 65 000 habitants, Ajaccio est une véritable grande agglomération en comparaison avec la plupart des autres petites villes, ce qui explique la variété des activités culturelles et de loisirs. Impossible de s'ennuyer à Ajaccio : l'atmosphère méridionale et truculente qui y règne, les palmiers en bordure de rue et les longues plages de sable blanc sont à eux seuls un vrai plaisir pour toute la famille.

La fontaine aux quatre lions avec la statut de Napoléon Bonaparte.

BONJOUR LES ENFANTS

Le général puis plus tard l'empereur Napoléon Bonaparte voit le jour le 15 août 1769 à Ajaccio sous le nom de Napoleone Buonaparte. Son ascension au sein de l'armée est rapide et il devient célèbre pendant la Révolution française. Un coup d'État lui permet en effet de s'emparer du pouvoir et de mettre ainsi fin à la révolution. En 1804, il devient l'empereur des Français et meurt en 1821 en exil à Sainte-Hélène, île britannique dans l'Atlantique sud.

Le père de Napoléon était le secrétaire de Pascal Paoli, ce résistant corse omniprésent sur l'île. Carlo Buonaparte soutient donc la lutte pour l'indépendance de la Corse mais après le départ en exil de Paoli suite à une bataille perdue, le père de Napoléon pactise avec les nouveaux maîtres français de l'île. Napoléon voit lui-même en 1789 dans la Révolution française l'opportunité de libérer sa patrie du joug français mais plusieurs tentatives dans ce sens échouent et toute la famille Bonaparte doit fuir la Corse.

Ajaccio doit à l'œuvre de Napoléon d'être aujourd'hui la préfecture de l'île. C'est lui qui proclame capitale de la Corse sa ville natale alors qu'il est empereur.

INFOS EN BREF

Arrivée : Ajaccio se trouve dans la partie Sud de la côte occidentale sur la D 111 et la N 193 qui continue vers l'intérieur des terres. Les grandes villes les plus proches sont Calvi dans le Nord (à 81 km) et Propiano dans le Sud (à 60 km).

Âge : À partir de 4 ans.

Durée de la visite : 1 à 2 jours.

Renseignements : Office de Tourisme d'Ajaccio, 3 Bd Roi Jérôme, 20181 Ajaccio, tél. 04 95 51 53 03, e-mail : ajaccio. tourisme@wanadoo.fr, www.ajaccio-tourisme.com. Horaires d'ouverture : juillet et août du lundi au samedi 8–20h, dimanche 9–13h et 16–19h. Avril à juin et septembre/octobre du lundi au samedi 8–19h, dimanche 9–13h.

Équipement : Chaussures confortables, protection contre le soleil et maillot de bain.

Restauration : Entre le port et la citadelle, les restaurants et les pizzerias, avec une très belle vue sur le port pour certains, se pressent le long du »Quai Napoléon«. Les restaurants sont également très nombreux dans les étroites ruelles de la vieille ville entre la place du marché, la Place de Gaulle et la citadelle.

Hébergement : Le camping »Barbicaja« (20000 Ajaccio, tél. 04 95 52 01 17) à 100 m de la mer en bordure de la D 111 entre Ajaccio et les Îles Sanguinaires. Le camping est ombragé et offre une vue merveilleuse sur le Golfe d'Ajaccio. Un programme d'activités est prévu pour les enfants. À 10 mn seulement du centre de la préfecture et à 3 km au Nord-Ouest du port se trouve le **camping »Les Mimosas«** (20000 Ajaccio, tél. 04 95 20 99 85, www.camping-les-mimosas.com). Possibilité ici de camper (tente) ou de louer de petits chalets ou des mobilhomes. Il a une très bonne infrastructure (petit magasin ainsi que possibilité de déjeuner). Également sur la route menant aux Îles Sanguinaires, Nadine Giraudeau propose à longueur d'année des **chambres d'hôtes** (20000 Ajaccio, Chemin des Agaves 2, tél. 06 10 63 29 69, www.barbicaja-alta.com/pages/chambreshotes.html ; 2 chambres doubles, repas sur demande). Il faut encore mentionner un **gîte** à Ajaccio. Celui-ci se trouve pas loin du centre, dans le Cours Napoléon 77 (20181 Ajaccio, tél. 04 95 10 54 31, www.gites-corsica.com). Tous ceux qui veulent échapper à l'effervescence de la ville trouveront d'autres hébergements dans le Sud à Porticcio (cf. p. 100).

La plage de Saint-François commence juste en dessous de la citadelle.

On se rend très vite compte que Napoléon règne encore à Ajaccio. Le célèbre empereur qui a gouverné les Français au début du 19ème siècle est né à Ajaccio en 1769. Il n'est donc pas étonnant que des rues et des bâtiments portent son nom et que la quasi-totalité des statues à travers la ville le représente. Si vous souhaitez vous lancer sur les traces de Napoléon, mieux vaut démarrer dans l'hôtel de ville sur la Place Maréchal Foch dans lequel se trouve le **Salon Napoléonien**. Outre des peintures à l'huile de la famille Bonaparte, on peut y voir également le certificat de baptême de Napoléon ainsi que son masque mortuaire – ce qui donne quelques frissons.

Vous découvrez également de nombreux détails de la vie de Bonaparte dans la **Maison Bonaparte** située Rue Saint-Charles. C'est ici qu'a

MUSÉES

Salon Napoléonien : Ouvert tous les jours sauf samedi, dimanche et jours fériés du 15 juin au 15 septembre 9–11h45 et 14–17h45, du 16 septembre au 14 juin 9–11h45 et 14–16h45.
Tarifs : Adultes et enfants 2,30 €.
Maison Bonaparte : Ouverte début avril à fin septembre sauf lundi 9–12h et 14–18h, début octobre à fin mars 10–12h et 14–16h45.
Tarifs : adultes 6 €, gratuit pour les enfants.
Musée »A Bandera« : Ouvert de début juillet à mi-septembre du lundi au samedi et les jours fériés 9–19h, dimanche 9–12h, de mi-septembre à fin juin du lundi au samedi et les jours fériés 9–12h et 14–18h, fermé le dimanche.
Entrée pour les adultes 4 €, gratuit pour les enfants de moins de 10 ans.

vécu la famille Napoléon à partir de 1682, bien avant qu'il ne vienne au monde. Le musée expose des documents et des portraits mais aussi du mobilier de la famille. Il est difficile de croire qu'un personnage si célèbre a dormi dans un si petit lit !

Vous pouvez visiter les tombes des parents et d'autres membres de la famille de Napoléon dans la **Chapelle Impériale** construite par son neveu dans le Palais Fesch.

Après cette intrusion dans la vie du célèbre citoyen français, vous pouvez continuer votre visite par l'intéressant musée »A Bandera« qui montre comment la Corse a évolué depuis les premiers colons jusqu'à aujourd'hui. Vous pouvez voir, bien présentés dans des vitrines, des maquettes, des pièces de monnaie, des blasons, des armes et des costumes anciens sur des copies aussi grandes que nature de personnalités connues comme Pascal Paoli et – encore une fois bien sûr ! – Napoléon. Ce musée relate aussi de manière passionnante pour les enfants plus âgés l'histoire de la résistance corse.

Vous avez suffisamment vu de musées pour l'instant. Que pouvez-vous encore faire à Ajaccio ? Tous les jours du mardi au lundi entre 8 h et midi, un marché paysan de produits corses s'installe dans le **Square César Campinchi**. L'animation et les étalages couverts de délicieuses spécialités ne manquent jamais d'émerveiller les enfants. Le marché est encore plus grand le samedi avec les marchands de vêtements et de jouets qui viennent s'ajouter aux autres. Un grand terrain de jeux a été aménagé à côté du marché, mais l'ombre y est rare. Vous pouvez aussi faire un tour au marché aux poissons à côté de l'hôtel de ville et y admirer les poissons fraîchement pêchés.

Le **Petit train**, présent dans toutes les villes d'une certaine importance en Corse, démarre sur la Place Maréchal Foch. Une balade à bord de ce Petit train rigolo à travers la vieille ville dure 45 mn et coûte 7 € pour les adultes et 3 € pour les enfants (infos au 04 95 51 13 69). Une balade d'une heure et demie jusqu'aux **Îles Sanguinaires** à proximité est aussi possible. Ne manquez pas d'aller les visiter lors de votre séjour à Ajaccio, en train ou non (randonnée 19).

Le grand **port** avec son port ferry, son port de plaisance privé, son port de pêche et ses embarcadères réservés aux bateaux d'excursion mérite également une visite. La partie la plus intéressante se trouve entre la citadelle et la place du marché. Le spectacle des ferries qui arrivent et qui partent est déjà fascinant à lui seul. Vous avez également la possibilité de louer vous-même un bateau ou de monter à bord d'un bateau d'excursion pour vous rendre à Bonifacio, dans les Calanches ou encore jusqu'à la réserve naturelle de La Scandola (infos au port ou à l'office de tourisme). Les clubs de plongée sont aussi nombreux dans le port. L'idéal est d'en choisir un qui propose une découverte du monde sous-marin des Îles Sanguinaires. En règle générale, les enfants peuvent à partir de l'âge de huit ans oser leur première sortie de plongée (infos à l'office de tourisme).

Le **»Centre Équestre Ajaccio Équitation«** propose une possibilité supplémentaire de faire un séjour sportif en explorant les alentours à cheval. École d'équitation, poney-club et sorties à cheval – les enfants de plus de deux ans sont les bienvenus ici (infos à l'adresse www.ajaccioequitation.com).

Tuyau pour toute la famille : la jeune **scène de l'A.g.h.j.a** 6 Chemin Biancarello (tél. 04 95 20 41 15) propose des spectacles de théâtre, danse, marionnettes et cirque.

19 Les Îles Sanguinaires

La Tour de la Parata   dès 3 ans

Mieux vaut donc ne pas être trop sensible au vertige pour se promener autour de la Tour de la Parata. L'étroit sentier serpente en effet le long de la falaise rocheuse dont le pied est constamment battu par le ressac de la mer loin en bas.

INFOS EN BREF

Départ : Grand parking sur la Pointe de la Parata.

Arrivée : Rouler depuis Ajaccio vers l'Ouest en bordure des plages de sable sur la Route des Sanguinaires (D 111) pendant environ 12 km jusqu'au cap. La route s'achève ici. Les »Petits trains« qui démarrent sur la place du marché dans le centre d'Ajaccio vont aussi régulièrement jusqu'à la Pointe de la Parata entre autres (cf. p. 97).

Difficulté : Randonnée simple avec une courte montée à la tour. Mieux vaut avoir le pied sûr. L'itinéraire est balisé en bleu.

Âge : À partir de 3 ans.

Temps de marche : 40 mn.

Longueur : Environ 1 km.

Dénivelée : 60 m à la montée et à la descente.

Équipement : Sandales de trekking et jumelles éventuellement.

Restauration : Bar-restaurant »l Sanguinari« sur le parking. Petits snack-bars et vente de glace ici aussi.

Hébergement : Le camping »Barbicaja« en bordure de mer et juste sur la route D 111 qui mène aux Îles Sanguinaires (cf. p. 95). Ou alors le camping »Les Mimosas« à 3 km du port d'Ajaccio en bord de mer. Location aussi de petits chalets et de mobilhomes (cf. p. 95).

```
              Tour de
             la Parata (2)
La Parata (l)   55 m   La Parata (l)
   3 m     P  🍴 P    3 m
              |   | 0.8 km
           0    0.40 h
```

Depuis le parking »**La Parata**« (1), mettez le cap sur la tour sur le côté Est de la presqu'île battue par les flots. Le panneau de randonnée en forme de menhir juste après le parking propose trois itinéraires de randonnée. Pour les très jeunes enfants,

il existe en dehors du circuit ici décrit également deux variantes plus courtes pour partir à l'assaut de la tour ou l'admirer d'en bas. Suivez toutefois le circuit balisé en bleu et franchissez par un étroit sentier le passage qui relie la terre ferme au cap avec la tour. Vous apercevez ensuite à droite les marches creusées dans la roche qui conduisent à la tour. La montée est un peu pénible mais une fois en haut sur la **plateforme rocheuse** vous jouissez d'une jolie vue sur les quatre Îles Sanguinaires face à la côte à environ 1½ km. La plus à l'Ouest de ces quatre îles est la Grande Sanguinaire également connue sous le

La langue de terre entre la terre ferme et la presqu'île avec la tour génoise n'est pas plus large qu'un sentier.

nom »Mezzu Mare«. Vous reconnaissez sur cette île par temps clair et avec des jumelles les ruines d'une ancienne station de quarantaine ainsi qu'un phare. Vous pouvez faire le tour sur un terrain rocheux de la **Tour de la Parata** (2), qui trône en son point le plus haut à environ 60 m au-dessus du niveau de la mer, mais il n'est pas possible d'y monter. Après l'impressionnante vue d'en haut, le circuit vous fait faire le tour du cap en vous proposant diverses perspectives aussi bien sur les îles que sur la partie occidentale du Golfe d'Ajaccio.

Regagnez ensuite le **parking** par l'étroit cordon de terre.

BONJOUR LES ENFANTS

Pourquoi les »Îles Sanguinaires« ont été ainsi baptisées ? Pas parce-que des vampires ont autrefois vécu sur ces îles mais tout simplement parce que les rochers granitiques rougeoient comme du sang au coucher du soleil. C'est pourquoi il vaut mieux se rendre au cap le soir. Si vous voulez vraiment visiter la Grande Sanguinaire, île principale longue de 1200 m et large de 300 m, avec ses ruines mystérieuses et son vieux phare, vous ne devez pas y aller à la nage. En été, des bateaux font la navette entre le Quai Napoléon Bonaparte à Ajaccio et cette île. Le trajet dure deux heures et une halte d'une heure est prévue sur l'île.

20 ▶ Eldorado des toboggans aquatiques

Le parc aquatique »Aqua Cyrne Gliss« à Porticcio   dès 2 ans

Il va sans dire que la mer, avec toutes ses plages différentes, est une attraction suffisante en soi et qu'elle est l'endroit idéal pour s'amuser en se baignant – mais il manque peut-être un petit quelque chose. Et ce petit quelque chose, on peut se l'offrir en se rendant au parc aquatique Aqua Cyrne Gliss à Porticcio où des toboggans géants ajoutent encore aux plaisirs de la baignade.

INFOS EN BREF

Arrivée : Suivre à Ajaccio la D 55 direction Sud jusqu'à Porticcio. Prendre à gauche à l'entrée de la localité (panneau) vers le parc »Aqua Cyrne Gliss«. La piscine se trouve a env. 500 m de la plage.
Âge : À partir de 2 ans.
Horaires d'ouverture : Mai, juin et septembre tous les jours 11–18h, juillet et août tous les jours 10h30–19h (www.acquagliss.fr).
Tarifs : Adultes 18 €, jeunes enfants (2 à 5 ans) 9 €, enfants (5 à 9 ans) 14 €. Accompagnateur ou visiteur (avec accès à la piscine sans toboggan) 9 €. Il existe des tarifs spéciaux pour ceux qui désirent aller plus souvent à la piscine. Par exemple, un pass de 7 jours en haute saison coûte 85 € pour les adultes et 65 € pour les enfants.
Durée de la visite : 1 jour.
Restauration : Bar, kiosque à boissons et snack-bar dans le parc. Vente de glaces également.
Hébergement : Le camping »U Prunelli« (20166 Porticcio, tél. 04 95 25 19 23, www-camping-prunelli.com) sur le côté Sud du Golfe d'Ajaccio est joliment situé dans un écrin de verdure. Depuis Porticcio, suivre la D 55 direction Ajaccio. Le camping se trouve juste avant le rond-point où l'embranchement à droite mène à Pisciatella et celui de gauche à Ajaccio. Outre les emplacements obligatoires pour les tentes, il propose aussi des bungalows. Le camping possède un magasin, une pizzeria et une piscine. Les plages de Porticcio sont à 2 km.

L'eau n'est-elle pas le plus chouette des éléments ?

La Méditerranée a beau être superbe, dévaler en trombe un toboggan ajoute du piment à l'aventure !

Le parc aquatique de 3 ha possède huits toboggans géants d'une longueur spectaculaire globale de 600 m ! La longueur a beau être impressionnante, les toboggans eux-mêmes le sont encore plus. Seul celui dans le bassin des petits est sans danger. En plus de toboggans hauts et longs, il existe des toboggans avec des vagues et des tunnels et parfois il suffit d'en regarder certains pour défaillir. Qui va oser descendre deux fois plus vite le fulgurant toboggan casse-cou avec une grosse bouée ? Il faut vraiment faire preuve d'audace ici !

Bien sûr, il n'est pas nécessaire de dévaler à tombeau ouvert les toboggans pour s'amuser ici. On peut par exemple faire un tour de manège aquatique, se détendre dans le jacuzzi ou prendre une douche sous un champignon. Il existe aussi des bassins pour les petits-enfants et de grands bassins de natation pour les adultes. Un programme d'animation avec des jeux et la possibilité de remporter des prix est également proposé. Et si cela ne vous suffit pas, vous avez la possibilité de vous défouler sur le terrain de volley-ball, sur les tables de tennis ou encore sur les trampolines.

AUTRES SPORTS

Les attractions aquatiques de Porticcio ne se limitent pas »seulement« au parc »Aqua Cyrne Gliss« car la variété de la flore sous-marine dans le Golfe d'Ajaccio attire bon nombre de plongeurs en tous genres. Autres activités au programme : ski nautique, canotage et surf – sans oublier les belles plages du golfe. En plus de tout cela, les petits et grands vacanciers amateurs de sport peuvent s'adonner au golf et au tennis, faire du cheval et bien sûr de la randonnée dans les environs de Porticcio. Pour en savoir plus sur toutes les activités possibles, se renseigner auprès de l'office de tourisme sur place à Porticcio (Plage des Marines, 20166 Porticcio, tél. 04 95 25 10 09 / 01 01).

Le Sud paradisiaque

Le Sud de l'île commence dès les contreforts inférieurs de la côte occidentale au Golfe de Valinco, contourne ensuite la pointe méridionale, englobe dans les terres le pays montagneux de l'Alta Rocca et le fameux Massif de Bavella (nombreuses randonnées et belles marmites de géant) avant de s'achever près de la station balnéaire de Solenzara sur la côte orientale.

La côte méridionale est une destination balnéaire idéale mais aussi une région touristique pleine d'agréments les plus divers. Les montagnes qui s'enfoncent dans la mer ont créé de merveilleuses criques qui alternent avec des plages merveilleusement belles. Le charme sauvage et rude de la côte occidentale fait ici place à un paysage suave de verdure, de rochers et de mer sans oublier, pour le plaisir des yeux, les falaises crayeuses de 70 m de haut parfois de Bonifacio sur la pointe à l'extrême Sud de la Corse et les pe-

tites îles face à la terre ferme qui ont formé il y a très longtemps de cela, un pont naturel avec la Sardaigne. L'archipel des Îles de Lavezzi est un espace protégé dont vous pouvez explorer le fascinant monde sous-marin en faisant de la plongée (avec bouteille d'oxygène ou tuba). Ces îles possèdent également un grand charme au-dessus de l'eau avec leurs incomparables récifs granitiques, leurs criques quasiment vierges et leurs plages de rêve dont certaines figurent parmi les plus belles de toute la Méditerranée.

Les petites villes côtières de Bonifacio et Porto-Vecchio offrent un contraste détonnant avec une nature aussi belle. Toutes deux trônent mystérieusement et majestueusement loin au-dessus de la mer.

À 20 km au nord de Propriano dans la Vallée du Taravo, le site préhistorique de Filitosa est un lieu passionnant qui abrite des vestiges du néolithique, de la culture mégalithique,

La Plage de Palombaggia dans le Sud de la côte orientale est un véritable joyau.

Le plateau de la Crête des Terrasses dans le Massif de Bavella (randonnée 28).

de la civilisation torréenne et de l'ère romaine. Les statues de menhir notamment qui ont été ici découvertes sont extraordinaires. L'histoire est aussi présente dans l'arrière-pays de Porto-Vecchio dans le site de Torre avec un monument de culte torréen ou les impressionnantes forteresses torréennes bien préservées du Castellu d'Araghju (randonnée 25) et du Castellu di Cucuruzzu (randonnée 23).

Il n'en reste pas moins que le Sud de la Corse est principalement, en dépit de sa grande diversité, un paradis pour les baigneurs. Les mots pour qualifier les plages qui jalonnent la pointe méridionale de la Corse vont de merveilleux à enchanteur, en passant par fameux et spectaculaire. Les plages de sable blanc et fin en bordure d'une mer turquoise scintillante transportent les vacanciers dans les mers du sud. Les

La Plage de Pinarellu au Nord de Porto-Vecchio.

deux plages au Sud de Porto-Vecchio, Santa Giulia et Palombaggia, sont considérées comme les plus belles plages de toute l'île. Ce ne sont toutefois que les plus belles parmi les plus belles et il est impossible de faire une liste, même approximative, de toutes les merveilleuses plages à la pointe Sud de la Corse. Nous avons donc sélectionné dans chaque région les plus fabuleuses et vous trouverez ci-après une présentation des plages les plus extraordinaires.

Les plages du Sud

On commence dans le Sud de la côte occidentale autour de Propriano dans le Golfe de Valinco avec six immenses plages. Deux plages sont situées à la pointe à l'extrême Sud de la côte occidentale en dessous de Sartène. Contournez Bonifacio et vous arrivez à la partie méridionale de la côte orientale sur laquelle les plages se succèdent les unes aux autres. C'est ici que se trouvent également les deux plages de rêve mentionnées plus haut : la Plage de Palombaggia et la Plage de Santa Giulia. Le Golfe de Porto-Vecchio offre à nouveau toutes sortes d'animations puis la côte méridionale se fond dans la plage sans fin de la côte orientale.

Golfe de Valinco

Les six plages suivantes se répartissent entre la partie Nord, le Golfe de Propriano et la partie Sud du Golfe de Valinco.

▶ Plage de Cupabia

La Plage de Cupabia couverte de sable très fin dans la baie avec une mer turquoise marque le point de départ dans le Golfe de Valinco au Nord. Les alentours de cet étroit cordon de sable relativement tranquille sont encore plutôt sauvages mis à part la présence d'un petit café sur la plage car ce sont essentiellement des dunes. La plage est idéale notamment pour les jeunes enfants car l'accès à la mer est en pente douce. En haute saison, il se peut toutefois que le petit parking soit vite plein.

Arrivée : Prendre à Propriano la N 196 direction Nord, continuer par la D 157 à gauche vers Porto Pollo puis emprunter la D 155 qui mène à Serra-di-Ferro. Après le village suivre à gauche la D 155a et le panneau »Plage de Cupabia«.

▶ Plage de Porto Pollo

Le fait que cette plage de sable doré s'étale au pied d'une zone résidentielle et qu'elle est par conséquent plutôt étroite n'est absolument pas gênant. Située à proximité du port et de petits restaurants, la petite plage baigne dans une atmosphère typiquement corse.

Arrivée : Suivre depuis Propriano la N 196 puis la D 157 jusqu'à Porto Pollo.

▶ Olmeto Plage

La plage lovée au creux de petites collines et couverte de sable doré offre aux baigneurs un impressionnant paradis sur une longueur d'au moins 3 km. Les constructions derrière la plage sont très rustiques et ne sont donc absolument pas gênantes.

Arrivée : Suivre la N 196 et la D 157 depuis Propriano direction Porto Pollo jusqu'à Olmeto Plage (Abbartello). Plusieurs accès à la plage dans le bourg.

▶ Plage de Baraci

La plage, encore sauvage dans la partie arrière, s'étire verticalement à travers la baie – aucune construction à cent lieues à la ronde. Elle est couverte de sable fin et clair, la mer est limpide et d'un bleu profond. Accès à la plage depuis un petit parking via un chemin non consolidé.

Arrivée : La plage se trouve près de la N 196 à environ 2 km au Nord de Propriano.

▶ Plage de Portigliolo

L'embouchure de la rivière Rizzanese Riu est tout ce qu'il y a de plus idyllique. Impossible de voir où la plage commence et où elle s'arrête – ce qui n'est pas surprenant puisqu'elle

La plage de Portigliolo est infiniment longue et belle dans le Golfe de Valinco.

fait 4 km de long ! Les rochers polis donnent encore plus de magie à l'atmosphère qui règne ici. Nombreuses activités nautiques, bars et toilettes sur la plage. Les vagues sont parfois hautes et les courants forts ici et mieux vaut donc y aller avec des enfants qui nagent bien.

Arrivée : Suivre la N 196 puis la D 121 au Sud de Propriano. Passer devant l'aérodrome de Propriano-Tavaria puis, avant d'arriver au bourg de Portigliolo, prendre à droite l'une des routes qui mènent à la plage (chemins parfois non consolidés).

▶ Plage de Campomoro

Un paradis digne des mers du sud ! Cette plage est l'une des plus magnifiques de l'île avec sa mer d'un vert émeraude profond et son sable clair éblouissant. La Plage de Campomoro s'étale à la pointe Sud du golfe. La mer dans la petite crique est peu profonde et calme et par conséquent idéale pour permettre aux tout-petits de se baigner sans aucune restriction. Particularité de cette plage : il est possible de louer des transats. Longue de tout juste 1 km, elle est vite surpeuplée en été. Tuyau : Allez vers la tour de garde et vous trouverez peut-être un endroit un peu plus tranquille dans l'une des petites criques mais vous devez tout de même marcher pendant une vingtaine de minutes.

Arrivée : Prendre à Propriano la N 196 puis tourner bientôt à droite dans la D 121 et obliquer à nouveau en direction de la côte. Suivre cette route direction »Belvédère/Campomoro« jusqu'au bout.

D'autres plages de rêve s'étendent à la pointe Sud occidentale entre Campomoro et Bonifacio mais cette région est difficilement accessible en voiture. Une seule route se détache de la N 196, entre Propriano et Bonifacio, et descend vers Tizzano. Sinon, la région est encore vierge et il faut aller jusqu'au Sud-Ouest du bourg Roccapina pour retrouver les plages et notamment la magnifique Plage de Roccapina.

Plaisirs de la baignade sur la Plage de Palombaggia.

Plage de Roccapina et Plage d'Erbaju

La Plage de Roccapina dans la pittoresque crique couverte d'un sable étonnamment clair succède à la grande Plage d'Erbaju. Toutes deux sont faciles d'accès depuis la N 196. Le sable blanc à côté des sculptures en bois sur la plage à l'air bizarre. Les petits enfants peuvent ici se baigner sans souci car la mer turquoise est peu profonde. La Plage de Roccapina étant vite surpeuplée en plein été, il est possible de se rendre à la plage voisine – et plus grande. Vous pouvez voir au-dessus une tour génoise ainsi que le rocher dit »Lion de Roccapina«.

Arrivée : Deux chemins se détachent de la N 196 en contre-haut du point de vue Roccapina près de l'Auberge Coralli. Ils ne sont pas aménagés mais praticables. Celui de droite conduit à la Plage d'Erbaju, celui de gauche à la Plage de Roccapina.

Nous ne présentons pas la Baie de Figari qui est certes une plage magnifique mais réservée aux surfeurs et donc plutôt inadaptée pour les enfants.

Plage de Tonnara

Dans le Golfe de Ventilegne, au Nord-Ouest de Bonifacio, la Plage de Tonnara se love dans un étroit cordon de sable jaune. L'accès en pente douce à la mer et le calme qui règne sur cette plage en font une destination idéale pour les familles. Les enfants peuvent nager – en compagnie de maman ou papa – jusqu'aux îlots dans la mer face à vous ! Un petit port avec un restaurant succède à la plage.

Arrivée : À peu près à mi-chemin entre Roccapina et Bonifacio, la D 358 asphaltée conduit à droite jusqu'à la plage.

Plage de Piantarella

Une petite et jolie crique couverte de sable blanc et encore bien dissimulée derrière les dunes. La plage n'est accessible que par un sentier battu depuis la crique voisine.

Arrivée : Rouler depuis Bonifacio direction »Camping Des Îles« puis vers la mer. Traverser la première plage à pied puis suivre un sentier battu pour rejoindre la crique voisine.

Plage de la Rondinara

Cette plage est considérée comme l'une des plus belles de France ne serait-ce qu'en raison de son ravissant cadre naturel. Le sable fin et très clair contraste ici avec la mer limpide et couleur de ciel. La plage lovée dans une crique abritée est certes étroite mais très longue et idéale pour les petits enfants car l'eau est peu profonde. Une partie d'escalade est nécessaire pour accéder à cette plage de rêve.

Arrivée : Suivre la N 198 depuis Bonifacio vers Porto-Vecchio jusqu'à l'embranchement de Suartone. Prendre ici à droite la D 158 et suivre l'étroite route sinueuse vers la plage.

Plage de Santa Giulia

La numéro UN parmi toutes les plages corses ! Un sable aussi blanc que la neige, une eau d'un vert émeraude et un accès en pente douce à la mer font tout le charme de cette longue plage magique située au sud de Porto-Vecchio. Des îlots rocheux sont accessibles en pataugeant dans l'eau. Sports nautiques et location de transats. Les douches et les vestiaires ainsi que les cafés et les bars en bord de mer permettent de passer une journée agréable sur la plage.

Arrivée : Suivre la N 198 entre Bonifacio et Porto-Vecchio puis prendre à droite une courte route jusqu'à la plage indiquée par un panneau (»Les Plages«).

Plage de Palombaggia

La plage de rêve suivante, considérée également comme LA plus belle de l'île, se trouve aussi au Sud de Porto-Vecchio. Les bars, cafés et clubs nautiques ne sont pas très nombreux ici, mais cette plage est bien plus naturelle et charmante que sa célèbre voisine grâce à l'ombre de la pinède qui la borde. Ici, le sable blanc fait concurrence non seulement à la mer turquoise mais aussi aux rochers rougeoyants. Cette plage longue de plusieurs kilomètres est pourtant vite surpeuplée. Tuyau : La plus au Sud des deux criques qui forment la Plage de Palombaggia est plus tranquille et plus sauvage. Elle convient plutôt aux enfants d'un certain âge car on perd vite pied dans la mer profonde et le ressac est parfois fort. Quelques jolis rochers d'escalade sont accessibles à la nage.

Arrivée : Quitter la N 198 à 5 km au Sud de Porto-Vecchio et prendre ensuite à gauche en direction de Bocca dell'Oro. Rouler encore quelques kilomètres après le bourg.

Plage de Pinarellu

La dernière plage méridionale couverte de sable fin et blanc en bordure d'une mer magnifiquement bleue s'étale également à l'abri d'une pinède au Nord de Porto Vecchio. Elle est idéale pour les familles avec de petits enfants car il n'y a pas de vagues dans cette crique les jours sans vent et la mer y est peu profonde. Cette plage de plusieurs kilomètres de long est limitée au Sud par l'Île de Pinarellu (randonnée 26). Location de bateaux sur la plage près du cimetière. Au Nord, quelques restaurants sur la plage.

Arrivée : Suivre la N 198 depuis Porto-Vecchio direction Solenzara puis bifurquer vers Pinarellu dans le centre de Ste-Lucie-de-Porto-Vecchio. Suivre cette route jusqu'à la plage.

21 ▶ Programme varié à Campomoro

Tour de garde et baignade sur une plage de rêve   dès 3 ans

Campomoro est un petit village au Sud-Ouest du Golfe de Valinco qui a su conserver la simplicité de son charme méditerranéen. Il se situe au bout d'une route qui s'achève abruptement dans une voie sans issue. Ce qui ne veut pas dire toutefois qu'il ne passe jamais rien ici ! On peut monter à l'une des tours génoises les plus impressionnantes de l'île ou se baigner dans la mer turquoise sur une plage plate couverte d'un sable merveilleusement blanc.
Pourquoi ne pas prolonger également la promenade jusqu'à la tour de garde en empruntant des chemins et des sentiers de longueurs et de difficultés diverses qui invitent à des randonnées le long de l'étrange côte occidentale ?

INFOS EN BREF

Départ : Parking à Belvédère de Campomoro.

Arrivée : Suivre depuis Propriano la N 196 direction Sartène. Bifurquer ensuite à droite dans la D 121 et la suivre jusqu'à Campomoro. La route s'achève en haut du bourg.

Difficulté : Chemin très facile avec quelques montées modérées.

Âge : À partir de 3 ans.

Temps de marche : 1h aller et retour par le chemin direct jusqu'à la tour. Possibilité de prolonger la promenade selon envie.

Longueur : 2,7 km, peut être rallongée à volonté.

Dénivelée : 80 m à la montée et à la descente.

Équipement : Chaussures de randonnée ou sandales de trekking (selon la longueur de l'itinéraire choisi), suffisamment à boire, maillot de bain.

Horaires d'ouverture de la tour : Mi-juin à mi-septembre tous les jours 10–13h30 et 16–19h30. Mi-septembre à début octobre du mercredi au dimanche 10–17h. Début octobre à début novembre du mercredi au dimanche 10–13h. Dernière admission : 30 mn avant la fermeture.

Tarifs pour la tour : Adultes 3,50 €, gratuit pour les enfants jusqu'à 12 ans.

Restauration : Très jolis restaurants et cafés avec des terrasses jusqu'au sable derrière la Plage de Campomoro. Magasin d'alimentation entre la tour et la plage pour acheter quelques rafraîchissements.

Hébergement : Le camping »Peretto les Roseaux« (20110 Belvédère Campomoro, tél. 04 95 74 20 52) à 300 m seulement de la belle plage de sable et pas loin du centre de Campomoro. Jolis emplacements ombragés pour les tentes sous des eucalyptus, pas beaucoup de place pour les caravanes et les camping-cars. Le camping étant plutôt petit, mieux vaut réserver à l'avance. Petit magasin d'alimentation sur place. Le camping 3 étoiles »Lecci e Murta« sur la D121 près de Portigliolo (20110 Propriano, tél. 04 95 76 02 67, www.camping-lecciemurta.com) est plus sélect et plus grand. Situé aussi à seulement 300 m de la plage, il possède une piscine, une pizzeria (four à bois) et un magasin d'alimentation. Location de bungalows possible.

Sur le mur intérieur de la tour.

Vous voyez depuis la meurtrière où vos pas vous mèneront plus tard sur cette magnifique plage !

Si vous voulez mériter un moment de détente sur une plage de rêve, vous devez d'abord faire une randonnée qui va vous amener jusqu'à une tour génoise. Garez-vous à la **plage** (1), continuez un petit moment dans le village et passez devant un petit magasin d'alimentation qui vend des glaces (2). Poursuivez votre route jusqu'à une **barrière** (3) après laquelle il faut obligatoirement marcher (il est interdit maintenant de se garer ici !). Après avoir traversé une zone résidentielle, montez dans la direction indiquée par le panneau »Tour de Campomoro«. Vous arrivez bientôt à un gros panneau qui indique clairement les randonnées ici faisables. Leur durée varie, entre une heure de marche pour la promenade jusqu'à la tour et une journée entière de marche forcée le long de la côte vers le Sud en direction de Tizzano. Dans

l'ensemble, trois longues boucles différentes sont possibles et elles passent toutes par la tour. De longueur raisonnable, ces trois randonnées ont également toutes un charme qui leur est propre. Le chemin s'étirant par endroits directement en bordure de mer, vous pouvez faire une halte baignade dans une crique rocheuse solitaire. Parfois aussi, il se faufile à travers des rochers aux formes étranges qui non seulement font trotter l'imagination des enfants mais les invitent aussi à une partie d'escalade. Il est possible également de combiner les itinéraires et de décider ensuite aux embranchements de la direction à

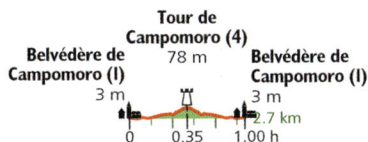

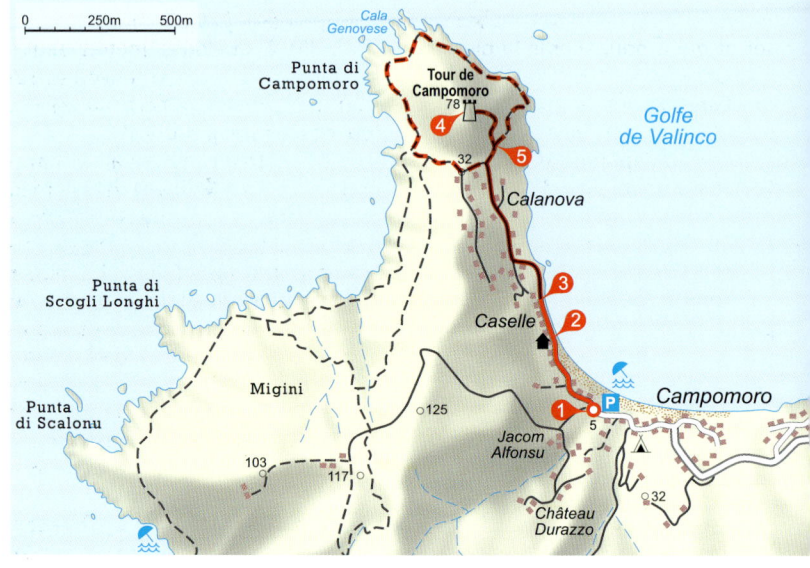

prendre – à condition de s'être fixé une limite approximative au préalable.

Peu après avoir quitté la petite route asphaltée et rejoint un sentier, le chemin qui vous mène directement à la tour est ombragé et se faufile à travers un maquis touffu. »Antò«, le gardien de la tour qui aurait vécu dans la Tour de Campomoro il y a sept cents ans, vous accompagne sur les panneaux. Il vous raconte de manière amusante de gentilles fables, des histoires et des faits intéressants sur toute la région. Les images racontent une petite histoire illustrée pour les enfants qui ne savent pas lire.

La promenade est si divertissante que vous montez sans vous en apercevoir jusqu'à l'imposante **Tour de Campomoro** (4). Les tours génoises sont nombreuses en Corse mais celle-ci a quelque chose de spécial : c'est la plus grande et la seule tour de garde, hormis la Tour de Porto, qui est accessible au public. Son corps ventru abrite même une pe-

La Tour de Campomoro.

tite exposition que vous pouvez visiter et qui a pour thème la piraterie barbaresque au 16ème siècle. La Tour de Campomoro a été construite en 1585 pour surveiller le golfe car, comme on l'apprend dans l'exposition, il est impossible de »fermer« la mer.

Depuis les hauteurs de la **plateforme panoramique** de la tour, vous pouvez admirer un fantastique panorama aussi bien sur la côte que sur la merveilleuse plage sablonneuse qui se love dans le Golfe de Campomoro. Pour savoir ce que devaient autrefois ressentir les guetteurs, il suffit aux aventuriers en herbe de jeter un coup d'œil à travers les meurtrières. Vous pouvez ensuite vous reposer à l'ombre dans la cour intérieure et explorer un peu les alentours sur le mur d'enceinte. Rebroussez ensuite chemin vers Campomoro jusqu'à une **bifurcation** (5) à quelques mètres seulement et décidez si vous voulez retourner immédiatement au village ou descendre jusqu'à l'»**Anse des Génois**« (panneau »Cala Genovese«). Si vous obliquez vers la mer, vous arrivez en quelques minutes à la magnifique baie aux étranges formations de grès. Suivez le sentier plat et sablonneux qui se faufile au milieu de rochers en formes d'animaux et d'autres créatures imaginaires pour arriver enfin à un embranchement où vous devez décider si vous retournez à Campomoro ou si vous continuez sur le sentier côtier.

De retour au village et après avoir acheté une glace, vous devriez avoir suffisamment de temps pour passer un moment sur la magnifique **plage de sable**.

Depuis la tour, vous voyez les divers chemins le long de la mer que vous pourrez emprunter plus tard.

22 ▶ Une cité médiévale

Bonifacio – Fleuron de la pointe Sud de l'île   **dès 4 ans**

Il existe en Corse bon nombre d'endroits, de sites ou curiosités et de villes dont on dit : c'est l'une des principales attractions de l'île ! En voilà une autre aujourd'hui et cette fois, il s'agit de la ville de Bonifacio à la pointe Sud

de la Corse. Les falaises de craie blanches qui descendent à pic vers la mer sont déjà en soi un superbe spectacle ! Mais voir qu'une partie de la ville trône comme une forteresse sur les falaises à 80 m au-dessus de la mer a de quoi donner des frissons aux petits et aux grands ! Si vous ne restez pas longtemps à Bonifacio – ce qui serait très dommage ! – vous devez absolument vous rendre en bateau dans le détroit qui sépare la Corse de la Sardaigne et contempler de là l'incroyable panorama des falaises de craie blanches. Et surtout, aller jeter un œil dans les grottes fantomatiques et érodées par la mer.

L'imposante citadelle domine la vieille ville et surplombe la ville basse et le port de Bonifacio.

![La vieille ville et le fameux escalier raide vus depuis le bateau.]

La vieille ville et le fameux escalier raide vus depuis le bateau.

INFOS EN BREF

Arrivée : Bonifacio se situe à l'extrême Sud de l'île en bordure du détroit qui sépare la Corse de la Sardaigne. Bonifacio est accessible par la N 196 depuis la côte occidentale et par la N 198 depuis la côte orientale. Les deux nationales se rejoignent à 2,5 km de Bonifacio ; la N 196 continue en sens unique jusqu'à la ville. Propriano se situe à 62 km au Nord-Ouest sur la côte occidentale et Porto-Vecchio à 27 km au Nord-Est est la plus grande ville la plus proche sur la côte orientale.

Âge : À partir de 4 ans.

Durée de la visite : 1 à 2 jours.

Renseignements : Office de Tourisme, 2 Rue Fred Scamaroni BP506, 20169 Bonifacio, tél. 04 95 73 11 88, e-mail : tourisme.bonifacio@wanadoo.fr, www.bonifacio.fr. Horaires d'ouverture : octobre à avril, du lundi au vendredi 9–12h et 14–18h, juin et septembre du lundi au dimanche 9–19h, juillet et août du lundi au dimanche 9–20h.

Tuyau : Se procurer des audioguides auprès de l'office de tourisme pour visi-ter la ville (5 € la demi-journée).

Équipement : Chaussures confortables et protection contre le soleil.

Restauration : Dans le bassin portuaire, les restaurants s'alignent les uns à côté des autres. Leurs menus comportent presque toujours un plat enfant. Dans la vieille ville, les crêperies, glaciers et snack-bars sont nombreux.

Hébergement : On dénombre plus de six campings autour de Bonifacio, tous proches de la mer. De l'établissement 2 étoiles (par exemple le **camping »Cavallo Morto«** ; 20169 Bonifacio, tél. 04 95 73 04 66, www.camping-cavallomorto.com) au camping 4 étoiles **»Pertamina U Farniente«** (20169 Bonifacio, tél. 04 95 73 05 47, www.camping-pertamina.com) toutes les catégories sont représentées. Pour les jeunes familles notamment, le **»Camping des Îles«**, 3 étoiles, à 4 km de Bonifacio et 900 m de la plage avec piscine est idéal (20169 Bonifacio, tél. 04 95 73 11 89, www.camping-desÎles.com). Il existe également pour les bébés une pièce dans laquelle on s'occupe d'eux. Nombreux clubs de vacances et chambres d'hôte à Bonifacio et dans les alentours (adresses à l'office de tourisme).

La ville de Bonifacio est scindée en deux parties : la Ville Haute médiévale et la Ville Basse avec la marine dans la zone portuaire. Le promontoire crayeux coiffé de la vieille ville ressemble à une langue de terre s'étirant le long de la côte. Derrière, au fond d'un fjord, se trouve le port de Bonifacio. Des ferries font la navette plusieurs fois par jour (toutes les heures en haute saison) avec l'île voisine, la Sardaigne (trajet : 50 mn) tout comme avec la France et l'Italie sur le continent.

Pour entrer dans la **vieille ville** de Bonifacio, vous passez par un pont-levis génois qui vous donne l'impression d'être au Moyen Âge. La porte était à l'origine le seul passage pour accéder à la ville. Lorsque vous montez maintenant jusqu'à la citadelle en passant par le tunnel qui zigzague et que vous arrivez aux étroites ruelles couvertes de pavés,

alors l'aventure est parfaite.

Les ruelles, étroites et tortueuses, de la vieille ville avec, à chaque angle, un marchand de crêpes alléchantes, vous conduisent au célèbre **»Escalier du Roi d'Aragon«**. Les adultes doivent payer 2,50 € pour la descente et la montée fatigantes de cet escalier »royal«, mais c'est gratuit pour les enfants jusqu'à douze ans – auxquels un diplôme est d'ailleurs remis en guise de récompense à leur retour à la caisse. Cette récompense est justifiée car il n'est pas facile de monter et de descendre sur ces marches qui font toutes entre 30 à 40 m de haut environ – ce qui n'est pas rien même pour des jambes d'adultes ! L'escalier abrite une galerie sous laquelle de l'eau douce est recueillie dans un bassin dissimulé derrière un gros rocher qui filtre l'eau de mer salée qui rentre. On pourrait accéder depuis la mer à ce

BONJOUR LES ENFANTS

N'oubliez pas lorsque vous visitez Bonifacio de monter et de descendre les marches raides du pénible mais rocambolesque Escalier du Roi d'Aragon sur le flanc de la falaise de craie. Il existe de nombreuses légendes qui tentent d'expliquer pourquoi cet escalier a été construit. On raconte par exemple que le roi Alfonse V d'Aragon aurait ordonné en 1420 de creuser les nombreuses marches dans le rocher en une nuit seulement. Il voulait en effet créer un passage pour les Espagnols et conquérir ainsi la ville qui était imprenable depuis la mer. À cette époque, Bonifacio est entre les mains des Génois. Cette version n'est toutefois pas très crédible, surtout quand on sait que cet escalier compte 187 marches depuis les maisons tout en haut. Il est déjà fatigant d'emprunter ces marches – alors les creuser dans le rocher en une nuit ! D'autres histoires racontent que les habitants de la ville auraient eux-mêmes façonné cet escalier parce que le roi Alfonse avait bloqué l'entrée du port et qu'ils voulaient avoir accès à la mer. Alors que les renforts génois s'approchent de la ville assiégée, un habitant courageux de Bonifacio détache les navires reliés entre eux des Espagnols qui dérivent ensuite vers la mer. Les sauveurs venant de Gênes peuvent alors entrer sans problème dans le port désormais ouvert !

MUSÉES

Musée »Mémorial du Bastion« :
Ouvert début juin à mi-septembre tous les jours 9–20h30, avril et mai ainsi que de septembre à début octobre tous les jours 9–18h.
Tarifs : 2,50 € pour les adultes, gratuit pour les enfants jusqu'à 12 ans.

Aquarium : : Ouvert tous les jours en juillet et août 9h30–24h, de début à mi juin tous les jours 10–21h et de mi à fin juin 10–22h, en avril, mai et septembre tous les jours 10–20h et de début à fin octobre 10–12h et 14–18h. Fermé mi-octobre à fin mars.
Tarifs : 3,80 € pour les adultes, 1,90 € pour les enfants entre 3 et 14 ans.

Ne manquez pas non plus dans la vieille ville pour finir le musée **»Mémorial du Bastion«** qui évoque de manière très vivante l'histoire de Bonifacio, notamment le séjour de Charles V dans la ville, la visite de Napoléon et le naufrage de »La Sémillante« près des Îles de Lavezzi. On y trouve également une copie de la »Dame de Bonifacio« (cf. p. 121) en compagnie du squelette d'un soldat turc.

Après avoir visité la vieille ville, rendez-vous au **port**. Depuis le grand parking, longez le bassin portuaire jusqu'aux embarcadères des bateaux d'excursion avec des restaurants à votre gauche et des maga-

bassin d'eau douce et barboter dedans.
La balade continue à travers la vieille ville médiévale fortifiée, truffée de belvédères qui vous permettent d'admirer l'étrange décor qu'offre la ville au-dessus des falaises. Sur la place du marché par exemple, vous pouvez voir la Sardaigne à 12 km d'ici depuis le joli point de vue **La Manichella**. Au cours de votre périple à travers la ville, ne manquez pas de vous arrêter à la **citadelle** qui est considérée comme le principal ouvrage fortifié de Corse. Elle doit son nom au comte Boniface qui construit ici une forteresse en l'an 828 de notre ère sur l'ordre du pape. Transformée et agrandie par la suite, elle a pour mission de protéger la côte Sud de l'île des invasions barbaresques. Depuis le mur d'enceinte supérieur accessible par un escalier, la vue est particulièrement belle.

L'»Escalier du Roi d'Aragon« est pénible mais c'est une expérience inoubliable.

sins de souvenirs à votre droite. Faites un petit tour dans la boutique à l'enseigne »Les Bonbons du Corsaire« qui est une grotte gardée par des pirates et dans laquelle sont cachés des trésors de confiseries que l'on ne voit nulle part ailleurs – un vrai pays de cocagne !

Au fond du port, les organisateurs d'excursions en bateau rivalisent pour attirer les passagers. Si vous décidez de faire un **circuit en bateau**, celui-ci vous mènera le long du mur d'enceinte de plus de 3 km vers la route de Bonifacio, le détroit entre la Corse et la Sardaigne. Vous passez en cours de route devant la Grotte St-Antoine connue également en raison de sa forme sous le nom de »Gouvernail de la Corse«, la pointe à l'extrême Sud de la Corse et de la France et ledit »Grain de Sable«, gros bloc un peu isolé dans la mer qui est tombé de la falaise il y a deux siècles environ.

Après un coup d'œil sur l'Escalier du Roi d'Aragon, les bateaux d'excursion rebroussent chemin et naviguent dans l'autre direction pour faire un petit tour après le phare

La »Petite Caraïbe« porte bien son nom.

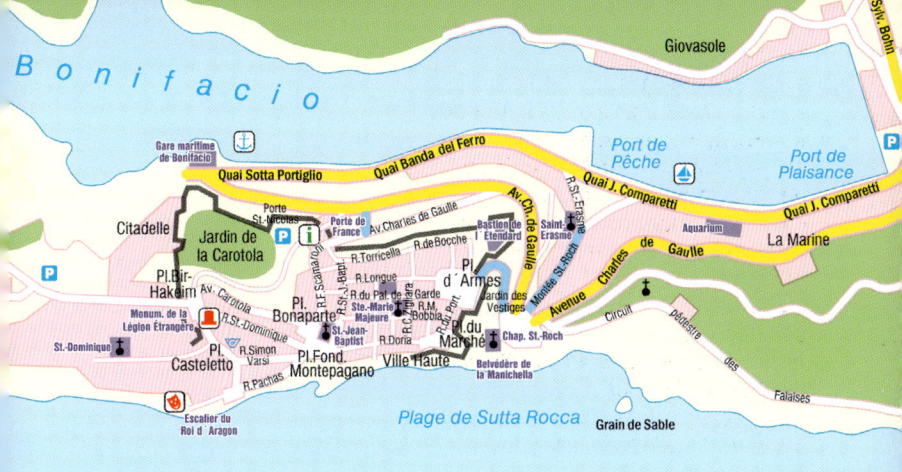

dans la »Petite Caraïbe« : les plages de sable fin et blanc et la mer d'un joli bleu clair sont si belles qu'il est facile de deviner pourquoi la baie a été baptisée ainsi. Le plus beau moment de ce circuit reste toutefois la visite de l'une des **grottes** qui ont été creusées par la mer dans les rochers. Difficile d'imaginer qu'un bateau puisse s'enfoncer dans cette obscurité oppressante, mais l'expérience en vaut la peine !

Il est possible de préférer à cette promenade d'une heure (environ 17 € pour les adultes et 12 € pour les enfants) une longue excursion en bateau jusqu'aux **Îles de Lavezzi** (trois heures à peu près aller et retour). Mieux vaut demander à y être »débarqué«, passer la journée sur cette île solitaire à se baigner puis rentrer avec un autre bateau. Ces excursions sont toutefois relativement chères (à partir de 40 € par adulte) et souvent proposées dans le cadre d'un forfait tout compris.

Une idée de visite pas seulement pour les jours de mauvais temps :

l'aquarium sur la promenade dans le port, mais attention, car il est un peu difficile à trouver. Un paysage naturel de grottes abrite ici treize bassins dans lesquels évoluent des espèces de poissons et de crustacés régionaux.

Pour finir, encore une idée pour les plus courageux d'entre vous : le »Cimetière Marin« situé au bout de la presqu'île en dehors de la ville. La partie intéressante du cimetière se trouve au centre de celui-ci parce que c'est là que sont enterrés les marins qui ont péri lors du naufrage de la frégate française »La Sémillante« en 1855. Pris dans une tempête, le navire fait naufrage, entraînant la mort de la quasi-totalité des 700 membres d'équipage. Les sépultures notamment, de la hauteur d'un homme, sont impressionnantes.

Selon une légende, les cris que poussent les mouettes sur les Îles de Lavezzi où le drame a eu lieu, seraient les cris des marins. Un peu sinistre, vous ne croyez pas ?

23 Sur les traces du passé

Les Castelli di Cucuruzzu et Capula   dès 4 ans

L'une des principales attractions dans le Sud de l'île pour les enfants est sans conteste le Castellu de Cucuruzzu construit à l'âge de bronze près de Levie sur un plateau dans le Massif de l'Alta Rocca. Tout est réuni ici pour que cette excursion soit une expérience intéressante et captivante : un formidable chemin d'accès à travers une forêt enchantée de chênes lièges, de châtaigniers et de pins noirs, une visite avec un audioguide qui donne une foule d'informations fascinantes en cours de route et des sites historiques propres à donner le frisson. Le point fort de la promenade à travers bois est l'immense fort encore bien préservé de la civilisation torréenne.

INFOS EN BREF

Départ : Parking au site archéologique »Cucuruzzu et Capula«.

Arrivée : Suivre la D 368 qui quitte la N 198 près de Porto-Vecchio vers le Nord-Ouest et le Massif de l'Alta Rocca, longe Ospédale et le lac artificiel avant de parcourir 34 km en zone montagneuse (34 km) jusqu'à Zonza. Juste avant d'y arriver, bifurquer dans la D 67 direction Levie jusqu'à la D 268 près de San-Gavino-di-Carbini. Suivre cette route jusqu'à Levie. 3 km plus loin, une route de montagne indiquée se détache sur la droite (ornières nombreuses) et conduit au parking du »Site Archéologique Cucuruzzu et Capula« 4 km plus loin.

Horaires d'ouverture : Début avril à fin octobre tous les jours 9h30–18h, juin et septembre jusqu'à 19h, juillet et août jusqu'à 20h. La caisse ferme 2h avant la fermeture du site ! Visites guidées en période hivernale uniquement pour les groupes et sur rendez-vous (informations au 04 95 78 48 21).

Tarifs : 5,50 € pour les adultes, 3 € pour les enfants jusqu'à 12 ans.

Difficulté : Chemin ombragé et en grande partie aisé généralement à travers bois ; petits passages d'escalade et courts sentiers rocailleux surtout dans l'enceinte du château de Cucuruzzu.

Âge : À partir de 4 ans.

Temps de marche : 2 à 3h. Le personnel à la caisse conseille d'y rester pour une visite de 2h. C'est un peu juste si l'on veut s'arrêter à toutes les stations. Prévoir donc plus de temps.

Longueur : 3 km.

Dénivelée : 100 m à la montée et à la descente.

Équipement : Chaussures de randonnée ou sandales de trekking, serviette éventuellement (ruisseau).

Restauration : Rien en chemin. Bars et restaurants dans le village de montagne de Levie à quelques kilomètres.

Hébergement : Aucun camping à Levie mais dans les environs près de Zonza (le camping »La Rivière« est très joliment situé entre Zonza et Quenza ; cf. p. 143). Auberges, chambres d'hôte et un **gîte d'étape** à Levie. Le gîte d'étape est aménagé dans une belle maison en pierre dans le centre de Levie et propose cinq chambres à quatre lits (demi-pension possible ; 20170 Levie, tél. 04 95 78 46 41, www.gites-corsica.com).

Castellu di Cucuruzzu : l'ancienne cour intérieure avec les entrées menant aux trois réserves reliées entre elles est parfaitement reconnaissable.

Après avoir surmonté sans dommage les cahots de la route asphaltée jusqu'au **parking** (1) du site archéologique »Cucuruzzu et Capula«, suivez alors les poteaux indicateurs jusqu'à une petite cabane en bois qui marque **l'entrée** de ce site (2). Une première surprise vous attend ici : on ne vous laisse pas partir seul au petit bonheur la chance, non, on vous remet des audioguides qui vous donnent des informations sur chacune des stations où vous faites halte. Une petite brochure gentiment conçue avec des croquis et des dessins clairs est remise aux enfants. Les parents quant à eux reçoivent la »version adulte« de cette brochure. Un tel luxe est rare ! Non seulement c'est extrêmement amusant de remonter ainsi le temps mais pour les enfants, c'est également l'occasion

Un audioguide et une brochure explicative pour partir en voyage d'exploration dans une forêt enchantée.

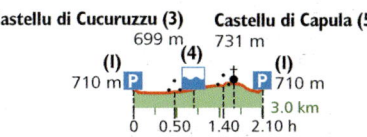

Castellu di Cucuruzzu (3)   Castellu di Capula (5)
699 m   731 m
(I)   (4)   (I)
710 m P   . . .   P 710 m
                                        3.0 km
0   0.50   1.40 2.10 h

Le sentier est également jalonné de grottes cachées.

d'apprendre en s'amusant une foule de choses sur l'île où ils passent leurs vacances. Il n'est pas difficile de convaincre même les plus jeunes de partir à la découverte des mystérieux vestiges du passé et de les entraîner dans une marche aventureuse à travers bois.

Chaque station du circuit est numérotée. Il suffit de sélectionner ce numéro sur l'audioguide et de le chercher dans la brochure. Normalement, si vous n'étiez pas ainsi équipés, vous suivriez le chemin sans vraiment faire attention mais vous apprenez de cette manière que ce sentier a précisément été aménagé il y a déjà longtemps par les hommes de l'âge de pierre. Les murs faits de pierres soigneusement empilées les unes sur les autres à droite et à gauche du chemin sont pour ainsi dire »d'époque«. Difficile de croire que c'est l'homme qui les a érigés il y a des milliers d'années.

Le point fort de l'excursion reste toutefois le »**Castellu di Cucuruzzu**« (3) édifié avec d'imposants blocs granitiques sur le plateau Pianu di Levie. Pendant que les parents admirent l'incroyable vue jusqu'au Massif de Bavella, les enfants partent à la découverte de passages secrets, de grottes dissimulées et de tours cachées. Ce complexe qui date de l'âge de bronze est un témoignage essentiel de la civilisation torréenne. La colonisation torréenne avec ses constructions caractéristiques en forme de tour (cf. p. 127) a débuté en Corse vers l'an 1600 avant notre ère. Environ 700 ans plus tard, vers l'an 900 avant J.-C., le Castellu di Cucuruzzu torréen est construit et habité. Le château proprement dit se divise en trois parties : la forteresse, le monument de culte avec la cella (pièce principale à l'intérieur) et le village torréen. Un mur formé de blocs particulière-

MUSÉE À VISITER

Après la visite du site de Castellu di Cucuruzzu, c'est au tour de la »Dame de Bonifacio«. Ce nom mystérieux a été choisi pour désigner dans le musée archéologique de Levie le squelette d'une femme qui a vécu au 7ème siècle avant notre ère. Ce squelette est le témoignage le plus ancien de vie humaine sur toute l'île ! Le musée expose également, outre la noble dame, des silex, des pointes de flèche et des poteries datant de l'âge de bronze et qui ont été trouvés ici dans les environs. Le musée est ouvert de mai à octobre tous les jours entre 9 et 19h (fermé les jours fériés) et de novembre à avril tous les jours également de 10 à 17h (fermé dimanches et jours fériés). L'entrée coûte 3 € pour les adultes et 1,50 € pour les enfants.

ment gros ceinture le château de fortifications et dissimule, intégré dans le décor rocheux naturel, l'intérieur. Les environs n'étant plus habités après le Moyen Âge, le complexe est très bien préservé et n'a pas fini de vous fasciner.

Vous reprenez la route et franchissez un ruisseau (4) dans lequel on peut se rafraîchir les jours de grande chaleur dans l'eau peu profonde. La suite de l'itinéraire est moins ombragée en direction du deuxième château, le »Castellu di Capula« (5) dont l'exploration est tout aussi captivante. Le »Capula« date également de l'âge de bronze mais il est amplement ultérieur au Cucuruzzu et habité jusqu'au 13ème siècle de notre ère. Cela se voit immédiatement à la maçonnerie – les pierres ici sont bien plus finement travaillées, les blocs ne sont plus aussi grossiers. Vous apprenez par l'audioguide que l'homme a utilisé ici des outils en métal.

Il ne vous reste plus maintenant qu'à retourner à l'entrée du site.

Le château fort »plus récent« de Capula est bien plus finement travaillé.

Chemin faisant, vous découvrez une chapelle (6) mais elle est malheureusement fermée. Vous pouvez toutefois jeter un coup d'œil à l'intérieur à travers une étroite fente. L'itinéraire vous force à emprunter au retour un impressionnant escalier en pierres naturelles avant de retourner par un large chemin à la caisse.

24 Des ruelles étroites pleines de vie

Porto-Vecchio – Ville du Sud entreprenante   dès 4 ans

*La ville de Porto-Vecchio s'étale en bordure du golfe profondément échan-
cré du même nom à l'extrême Sud de l'île. Cette situation méridionale est
l'une des raisons pour lesquelles la ville est désespérément surpeuplée en
été. Si, depuis l'ancienne porte de la ville, vous arrivez à percevoir furtive-
ment, en dépit des nombreux touristes, la Porte Génoise, le vaste golfe long
de huit kilomètres, alors vous voyez également le port avec les embarcadères pour les ferries et les navires de croisière ainsi que les marais salants.
C'est d'ici que partent les ferries qui font la navette avec Marseille.*

INFOS EN BREF

Arrivée : Porto-Vecchio est la dernière
ville importante à l'extrémité Sud de la
côte orientale. Elle est accessible que ce
soit par le Nord ou le Sud via la N 198,
en bordure de laquelle elle a été construite.
Elle est à 27 km de Bonifacio au Sud et à
142 km de Bastia au Nord.

Âge : À partir de 4 ans.

Durée de la visite : 1 jour.

Renseignements : Office de Tourisme, Rue du Docteur Camille de Rocca
Serra (au nord de la Place de la République), 20137 Porto-Vecchio, tél. 04 95
70 09 58, www.ot-portovecchio.com.
Horaires d'ouverture : juillet et août du
lundi au samedi 9–20h, dimanche 9–13h,
juin à septembre du lundi au samedi
9–13h et 15–18h, octobre à mai du lundi au vendredi 9–12h et 14–18h, samedi
9–12h.

Équipement : Chaussures confortables
et protection contre le soleil.

Restauration : Nombreux restaurants
de toutes catégories autour de la marine
et dans la vieille ville à droite et à gauche

de la Porte Génoise. La plupart propose
également des menus enfant.

Hébergement : Il est conseillé pour
visiter Porto-Vecchio de choisir l'un des
campings joliment situés et proches de
la ville en direction des plages de rêve de
Palombaggia et Santa Giulia comme par
exemple entre Porto-Vecchio et la Plage
de Palombaggia (4 km de route), le
»Camping Asciaghju«, à 300 m de la
plage de sable (20137 Porto-Vecchio,
tél. 04 95 70 37 87, www.campingas-
ciaghju.com). Emplacements ombragés,
magasin d'alimentation et bar. Le »Camping Bella Vista« jouit d'une belle situation entre une plage de rêve et Porto-
Vecchio, à quelques minutes de voiture
seulement des deux (20137 Porto-Ve-
chio, tél. 04 95 70 58 01, www.cam-
pingbellavista.com.fr). Ambiance vacances garantie dans ce camping très
bien entretenu avec des arbres et des
fleurs ainsi qu'une belle vue panoramique sur le Golfe de Porto-Vecchio. Il
possède une petite piscine et propose
des chalets à louer. Parmi les campings
autour de Porto-Vecchio, le »**Camping
Cupulatta**« (20137 Porto Vecchio,
tél. 04 95 21 45 66, www.cupulatta.
com) au nord de la ville est recommandé. Équipé d'une très belle piscine et
d'un terrain de jeux pour les enfants, ce
camping est aussi idéal pour les familles.

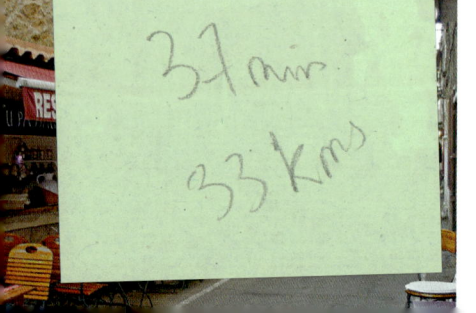

*Les ruelles étroites dans Porto-Vec-
chio accentuent encore son charme
méridional.*

Porto-Vecchio se divise en trois parties : la partie haute avec la vieille ville et les étroites ruelles, la partie basse, plus récente, avec des boutiques et des magasins, et le port. C'est ici que se trouve également le **port de plaisance** avec un grand parking sur lequel il est conseillé de se garer pour explorer la ville. Le port de plaisance est jouxté par le port de commerce et les marais salants dans lesquels on extraits encore du sel aujourd'hui, mais il est malheureusement rare de pouvoir assister à cette opération.

Si vous souhaitez d'abord tourner le dos à Porto-Vecchio et vous intéresser à la mer, alors embarquez à bord de l'un des bateaux à quai en direction de Bonifacio et/ou des Îles de Lavezzi. Les bateaux lèvent l'ancre habituellement vers 9 h du matin et longent les Îles Cerbicale, les plages de Palombaggia, Santa Giulia, La Rondinara et Sperone lorsqu'ils font route vers Bonifacio. Une halte baignade est prévue aux Îles de Lavezzi, une autre à l'Île Cavallo. Retour à Porto-Vecchio vers 18 h. Ces excursions passionnantes sont toutefois

plutôt chères (env. 65 € pour les adultes et 40 € pour les enfants de cinq à douze ans).

Quittez le port et remontez la pente raide de la Rue Dragut puis la Rue Fontana vers les ruelles tortueuses de la **vieille ville** de Porto-Vecchio dans laquelle vous pénétrez par la **Porte Génoise**, seul accès jadis à la cité fortifiée. Depuis la porte, belle vue panoramique sur le port, la mer, la vallée environnante avec ses marais salants et les montagnes. La vieille ville pittoresque dans laquelle vous entrez maintenant est un véritable petit bijou au charme médiéval avec son réseau de ruelles pavées si étroites que vous pouvez presque toucher les murs des deux côtés lorsque vous étendez les bras. Les magasins de souvenirs se blottissent aussi dans les ruelles les plus étroites tandis que les restaurants se succèdent les uns aux autres. Nous vous conseillons de chercher un restaurant avec une terrasse qui donne sur le port pour pouvoir jouir de la vue sur la mer, moment très agréable notamment en soirée. Les restaurants le long de la Rue Borgo qui

BONJOUR LES ENFANTS

Le nom Porto-Vecchio vient de l'italien et signifie »vieux port«. Les châteaux forts et forteresses de la civilisation torréenne disséminés autour de Porto-Vecchio semblent indiquer que la ville côtière a été très tôt habitée. Et c'est vrai ! En fait, ce sont les Grecs de l'Antiquité qui, au 9ème siècle avant notre ère, sont les premiers à construire un port en cet endroit précis qu'ils baptisent ensuite »Portus Syracusanus«. Aujourd'hui, il ne reste plus rien des Grecs. Les fortifications génoises datent de l'an 1539. L'emplacement de la forteresse a été judicieusement choisi car grâce à une montagne située devant elle, elle n'était pas visible de la mer (et ne l'est guère plus aujourd'hui depuis les terres). Pourtant, ce bastion a été secoué par des guerres d'indépendance. Finalement, c'est la famine et la malaria qui a raison des habitants de Porto-Vecchio à la fin du 16ème siècle. Au cours des siècles qui suivent, la ville est à nouveau colonisée mais le moustique vecteur de la malaria qui vit dans l'embouchure de deux rivières reste un problème. De nombreuses personnes sont contaminées et ce n'est que vers la fin des années 50 du siècle dernier que la maladie est endiguée. Porto-Vecchio connaît alors un nouvel essor dont les traces sont encore visibles aujourd'hui.

s'étire de part et d'autre de la Porte Génoise ont tous une terrasse de ce genre et proposent aussi des menus enfant à des prix raisonnables.

Le point central de la vieille ville est la **Place de la République** que vous trouvez en vous repérant sur **l'église Saint-Jean Baptiste** visible de loin. Les peintres qui exposent leurs toiles, les nombreux cafés qui bordent la place et le rond au milieu avec des marches pour s'asseoir … on se croirait presqu'à Paris sur cette placette méditerranéenne !

Porto-Vecchio possédant le troisième plus grand port de Corse, elle a elle-aussi sa forteresse : le **Bastion de France**, appelé ainsi parce qu'il est occupé par les troupes françaises lorsque la ville se rend au roi de France le 14 juin 1769. Restauré en 1989, le bastion a l'air aujourd'hui bien préservé. Porto-Vecchio compte une deuxième forteresse : le **Bastion San Antonia**.

Les alentours de Porto-Vecchio méritent également que l'on s'y intéresse. Au Sud de la ville, s'étalent deux des plus célèbres – si ce n'est LES plus célèbres – plages de toute la Corse : Palombaggia et Santa Giulia. Au Nord également, des plages et des criques, peut-être pas aussi fameuses, mais tout aussi belles se succèdent (cf. p. 105). Dans l'arrière-pays de Porto-Vecchio commence la Forêt de L'Ospédale dans le Massif de l'Alta-Rocca, magnifique région montagneuse au Nord de laquelle vous voyez briller les Aiguilles de Bavella. Si vous trouvez la ville trop trépidante en été, il existe suffisamment de possibilités de la »fuir«.

Que c'est agréable sur la Place de la République !

25 Une forteresse de l'âge de bronze

Le Castellu d'Araghju

dès 4 ans

Vous êtes d'accord pour un petit voyage dans le temps ? Remontez alors à l'âge de bronze et à l'époque des Torréens et partez à la découverte de ce château fort monumental construit au 2ème siècle avant notre ère. C'est l'un des complexes torréens les mieux conservés de toute la Corse. On peut ici explorer, fureter et jouer à cache-cache. On peut laisser libre cours à son imagination en explorant cette forteresse mais il faut conquérir ces vieilles murailles et donc venir à bout d'une montée courte mais raide pour parvenir à cet impressionnant château.

INFOS EN BREF

Départ : Le bourg d'Arraggio.
Arrivée : Prendre la D 759 vers Araghju qui quitte la N 198 au Nord de Porto-Vecchio et de la petite localité de Ste-Trinité. La suivre sur 2 km jusqu'au village où le château est bien indiqué. Le point de départ de la randonnée est à droite dans le tournant (sentier étroit, panneau en bois) entre le bar »La Casella d'Arraggio« et le terrain de jeux.
Difficulté : Chemin court mais très raide et rocheux. Mieux vaut avoir le pied sûr. L'itinéraire n'étant pas ombragé, éviter impérativement la chaleur de midi.
Âge : À partir de 4 ans.
Temps de marche : 1h30.
Longueur : 1,4 km.

Dénivelée : 150 m à la montée et à la descente.
Équipement : Chaussures de randonnée.
Restauration : Le bar »La Casella d'Arraggio« avec une grande terrasse jouit d'une situation idyllique au bord d'un ruisseau. Mieux vaut emporter un produit contre les moustiques pour le soir. Propose de délicieuses crêpes, des en-cas et des plats. Un petit magasin qui vend des spécialités corses est rattaché au bar.
Hébergement : Le Castellu est bien accessible depuis tous les campings autour de Porto-Vecchio (cf. p. 122). Le camping »Cupulatta« à quelques kilomètres au Nord de Porto-Vecchio avec piscine, activités de loisirs, animations pour les enfants et vente de produits d'alimentation (pour les bébés aussi) et de sandwichs. Pizzeria à 400 m.

La randonnée commence au **bar »La Casella d'Arraggio«** (1) par le franchissement du ruisseau (2). La montée sur un sol rocheux débute maintenant à travers le maquis sur un sentier érodé qui s'étire en boucles entre lesquelles vous devez gravir régulièrement des passages très raides. Dès que le terrain s'aplanit un peu, vous voyez à gauche un gros **bloc de rocher** (3) blanc dans lequel se trouve une grotte que vous devez bien sûr explorer. Aurait-elle un lien avec la forteresse qui se cache quelque part au-dessus de vous ? Des gardes de la forteresse ou des guetteurs étaient-ils postés ici ou bien la grotte était-elle habitée ?

Continuez jusqu'à ce qu'une petite plateforme panoramique fasse son apparition sur votre gauche. La mer semble à portée de main. Il est surprenant que le château fort vers lequel vous vous dirigez depuis un moment soit toujours invisible. Vous aurez au moins appris aujourd'hui qu'il était jadis bien caché sur la montagne !

Après un autre passage abrupt sur le versant, vous êtes arrivé et vous

L'entrée du château fort a été construite avec des dalles rocheuses massives.

BONJOUR LES ENFANTS

Les Shardanes, redoutable peuple de la mer, débarquent en Corse vers l'an 1600 avant notre ère. On les appelle aujourd'hui »Torréens« parce que le premier site archéologique qui permet d'établir un rapport avec eux se trouve dans le village de Torre sur la côte Est. On leur a surtout donné ce nom à cause de leurs tours : les tours – ou »torre« – étaient le principal trait distinctif des places fortes de cette époque. Le Castellu d'Araghju est un modèle exemplaire de construction torréenne. Les tours étaient généralement construites sur des hauteurs pour que les guetteurs puissent surveiller la côte. Ces édifices circulaires étaient composés de pierres bien empilées les unes sur les autres et coiffés d'un toit suggérant une coupole. Une grande entrée menait au centre de la construction, la cella, et à de minuscules salles. Pour se protéger d'éventuels assaillants, des remparts en pierre étaient construits tout autour. Ces tours n'étaient toutefois pas habitées, elles étaient trop petites. Peut-être qu'elles avaient un rapport avec un culte quelconque comme pourraient le laisser supposer les restes de cendres trouvés dans la cella. Serait-il possible qu'il ait été utilisé comme temple du feu ?

Les Torréens présentaient toutes les caractéristiques des hommes de l'âge de bronze : ils fabriquaient des outils et des armes (poignards et épées) en bronze. Ils portaient aussi des casques en cuir coiffés de cornes et des cuirasses. On perd leur trace entre 1000 et 800 avant notre ère. Et on présume qu'ils se sont retirés en Sardaigne pour chercher le cuivre dont ils avaient besoin pour fabriquer du bronze.

Fureter dans les vieilles murailles est une obligation !

voyez soudain sur votre gauche un linteau en pierre qui marque l'entrée du **Castellu d'Araghju** (4). Vous devinez à la seule vue de cette vaste entrée que le fort a dû avoir jadis une grande importance. Le couloir couvert de dalles rocheuses massives qui vous conduit à l'intérieur fait 10 m de long environ. Ce que l'on appelle la cella, située au centre du complexe, s'ouvre sur plusieurs pièces dont vous devinez encore les contours. En certains endroits, des escaliers en pierre montent jusqu'aux murs de 4 m de haut et de 2 m de large qui ceignent le fort. En outre, le mur qui entoure toute la forteresse mesure 120 m de long !

C'est l'instant ou jamais pour les enfants de se disperser, de fureter à la recherche de cachettes dans le complexe et de prendre les murs d'assaut. En dehors du fort, face au portail d'entrée, un sentier battu mène vers un petit taillis dans lequel un plan du château fort est accroché. Vous pouvez voir ici les plans originaux du château ainsi que l'emplacement des divers éléments – comme par exemple la tour dont il ne reste que les murs de fondation. N'oubliez pas non plus d'admirer la vue magnifique sur le Golfe de Porto-Vecchio mais attendez plutôt le soir et emportez de quoi pique-niquer ! Pour retourner ensuite à votre point de départ, vous devez prendre le chemin rocheux que vous avez gravi à l'aller.

Castellu d'Araghju (4)
232 m
Bar La Casella (2)
Arraggio (I)
88 m
Arraggio (I)
1.4 km
0 1.00 1.30 h

Pagayer comme les Indiens

Sortie en kayak jusqu'à l'Île de Pinarellu   dès 6 ans

On peut faire des randonnées classiques en Corse, on peut aussi faire des randonnées aquatiques dans les rivières voire même nautiques en mer. Cette randonnée vous propose aujourd'hui de partir en empruntant le moyen de locomotion des Indiens : le kayak. Pour cela il vous faut naturellement une destination intéressante et séduisante car tout le monde peut pagayer de ci de là sur la mer. Vous allez donc explorer aujourd'hui une île face à la Plage de Pinarellu dans le Sud et sa tour génoise visible de loin ! Le fait de ne pouvoir rejoindre cette tour mystérieuse que par la mer pimente cette sortie jusqu'à l'île enchantée de Pinarellu et lui donne un parfum d'aventure extraordinaire.

INFOS EN BREF

Départ : Location de bateaux sur la Plage de Pinarellu.
Arrivée : Prendre la route côtière N 198 depuis Porto-Vecchio direction Solenzara puis suivre à Ste-Lucie-de-Porto-Vecchio la D 168A vers Pinarellu jusqu'à la plage. Location de bateaux juste en face du cimetière (parking).
Difficulté : Les kayaks sont prévus pour deux personnes maximum. Même si un adulte est à bord, mieux vaut que l'enfant ait suffisamment de force pour pagayer.
Âge : À partir de 6 ans.
Longueur du trajet en kayak : 8 km. Environ 2h en tout (aller et retour).

Équipement : Sandales de bain, profilées si possible (à cause de la randonnée sur l'île), maillot de bain, protection contre le soleil.
Tarifs : 12 € par heure et par kayak.
À savoir : Les kayaks sont équipés d'un compartiment étanche pour y déposer appareil photo et clés de voiture mais il n'est pas suffisamment grand pour y ranger un sac à dos entier.
Restauration : Petite promenade avec glaciers, snack-bars et restaurants ainsi qu'une petite crêperie ombragée sur la Plage de Pinarellu.
Hébergement : En plus de 4 autres campings dans les environs de Ste-Lucie-de-Porto-Vecchio, il y a également l'aire naturelle 3 étoiles »Le California« directement sur la côte (cf. p. 142).

Votre voyage d'exploration en kayak débute sur la **Plage de Pinarellu** (1). Vous pouvez certes louer un bateau à moteur mais aujourd'hui, vous avez décidé d'imiter les Indiens. L'île semble à portée de main mais après avoir franchi la zone où les bateaux de pêche et les yachts sont ancrés devant Pinarellu, vous êtes déjà un peu fatigué – alors que vous n'avez

Cela a l'air si facile quand les Indiens le font, mais c'est durement épuisant.

Le but semble proche – mais attention à ne pas sous-estimer les distances !

pas l'impression de vous être un tant soit peu rapproché de votre destination. Vous ramez donc plus vigoureusement en direction de l'île et vous mettez le cap, par rapport à la plage, sur le côté droit de l'île. Dès que vous avez dépassé les **bassins piscicoles** (2), vous pensez être presqu'au but, mais vous devez encore pagayer un bon moment avec d'arriver à destination.

Un panneau quelque peu érodé sur lequel vous pouvez lire »Île de Pina-rellu« (3) vous indique enfin que vous pouvez jeter l'ancre ici. C'est le seul emplacement sur l'île depuis lequel vous pouvez accéder à la tour. Le sentier est à peine visible mais il se révèle heureusement comme bien battu. Comme il n'y a toutefois aucun balisage, dirigez-vous vers l'Est en veillant à ce que la tour reste toujours dans votre champ de vision. Le terrain se redresse légèrement dans le maquis et vous avez l'impression d'être Robinson Crusoé. La solitude, inhabituelle, rend un peu sinistre cette randonnée mais le plaisir de l'aventure est intact !

Après avoir atteint fièrement la **tour** (4) et admiré avec délectation la vue sur la terre ferme, retournez au bateau en suivant le même chemin. Comme vous ne souhaitez pas encore revenir à votre point de départ, pagayez dans le sens inverse des aiguilles d'une montre jusqu'à l'autre côté de l'île. Vous découvrez à peu près au milieu une magnifique

On se sent un peu comme Robinson Crusoé sur cette plage de rêve solitaire.

plage (5) sur laquelle vous serez probablement seuls. Profitez-en pour faire une halte baignade que vous n'oublierez jamais au milieu de rochers rougeoyants dissimulant des grottes et au bord d'une mer d'un incroyable bleu sombre. Vous pouvez escalader des rochers, barboter et vous aventurer dans les grottes avec, pour seul spectateur, la mer qui s'étend à perte de vue !

Vous n'êtes pas encore obligé de rentrer. Depuis la Plage de Pinarellu, vous avez déjà aperçu l'îlot à gauche de l'Île de Pinarellu. C'est d'ailleurs plutôt un immense rocher qu'une île mais il faut que vous exploriez cette intéressante formation sur-nommée »Îlot Roscana« (6) ! Mettez donc le cap vers ce rocher ! Vous vous rendez compte en vous en approchant que c'est un véritable paradis pour les oiseaux dont les fientes ont formé à la surface du rocher une couche qui ressemble à une fine pellicule de neige.

Après avoir minutieusement exploré le mystérieux îlot, retournez directement à la Plage de Pinarellu. Prévoyez beaucoup de temps pour cette sortie en kayak car on sous-estime facilement la distance entre la terre ferme et l'Île de Pinarellu. La halte baignade sur la plage solitaire doit également être suffisamment longue parce qu'il faut aussi reprendre des forces après les efforts fournis pour ramer jusque-là.

Cormorans sur l'Îlot Roscana.

27 Une tour génoise accessible

Balade jusqu'à la Tour de Fautea

dès 3 ans

La journée d'aujourd'hui est principalement réservée aux jeunes randonneurs. La destination est la Tour de Fautea, à quelques kilomètres au Nord de Ste-Lucie-de-Porto-Vecchio. Cette tour génoise est d'un accès facile et très impressionnante de près par sa taille, mais la cerise sur le gâteau c'est qu'elle jouxte une magnifique plage de sable dans une petite crique qui est encore très peu connue et par conséquent peu fréquentée.

INFOS EN BREF

Départ : Directement sur la N 198.
Arrivée : Suivre la route côtière N 198 qui vient de Porto-Vecchio vers Solenzara. La tour se trouve sur la droite à 5 km au Nord de Ste-Lucie-de-Porto-Vecchio (invisible depuis la route). Possibilité de se garer en bordure de route ou au camping »Faoutea«.
Difficulté : Promenade courte, simple et sans passage difficile.
Âge : À partir de 3 ans.
Temps de marche : 45 mn.
Longueur : 1,3 km.
Dénivelée : 30 m à la montée et à la descente.
Équipement : Sandales de trekking, maillot de bain.

Restauration : Bars et restaurants en bordure de route à Ste-Lucie-de-Porto-Vecchio ou 3 km plus loin direction mer le long de la petite promenade sur la Plage de Pinarellu.
Hébergement : Nombreux campings autour de Ste-Lucie-de-Porto-Vecchio (cf. p. 122). Le **camping** »Faoutea« (20144 Ste-Lucie-de-Porto-Vecchio, tél. 04 95 71 41 51), tout près du point de départ de la randonnée, est joliment situé dans une crique en bordure de mer. Les parcelles sont aménagées en terrasses le long de la colline et sont ombragées. Il s'adresse plutôt aux campeurs avec une tente qu'avec un camping-car en raison de sa situation pentue. Snack-bar, magasin d'alimentation et petit restaurant dans le camping ainsi que terrain de jeux.

Le point de départ de la balade qui vous mène à la Tour de Fautea visible de loin se situe directement en bordure de route près d'une **barrière** (1). Pas de balisage mais il n'est pas nécessaire d'être un scout pour rejoindre la tour. Arrivé à un **embranchement** (2), prenez à gauche vers la tour. Le chemin à droite descend à la mer et longe la belle Plage de Fautea. Concentrez-vous pour commencer sur la tour imposante et bien préservée.

Prenez donc à gauche et faites confiance à votre intuition à travers le maquis jusqu'au pied de la **Tour de Fautea** (3) bien ventrue. On

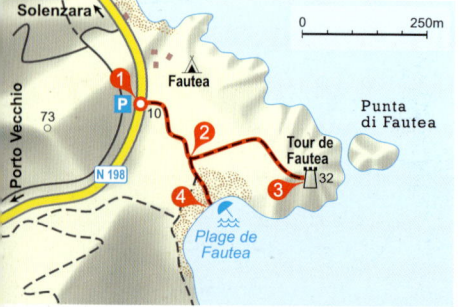

Belle vue sur la tour depuis la plage de sable peu fréquentée.

pourrait croire qu'il possible d'y monter à cause de l'échelle appuyée contre le mur mais la porte grillagée en haut est fermée et vous empêche malheureusement d'entrer dans la tour. Vous devez donc vous contenter de faire le tour de cet édifice géant et de l'admirer de cette manière. Il est rare de pouvoir s'approcher de si près d'une aussi grande tour génoise qui est par ailleurs classée »monument historique«.

Après avoir fait le tour de ce monument, retournez au **croisement** (2) et suivez cette fois-ci le chemin qui descend à la **Plage de Fautea** (4) où vous attend une petite crique couverte de sable fin et clair. Les vagues peuvent être très hautes ici mais l'accès à la mer est relativement plat. Profitez des plaisirs que vous offre cette baignade dans l'eau sombre de la »côte bleue« de la

Corse face à la tour génoise ! Prenez le même chemin pour retourner au **parking**.

Un si bel escalier ... qui conduit à une porte fermée !

28 ▶ Alerte aux chèvres des montagnes !

La Crête des Terrasses dans le Massif de Bavella   dès 8 ans

La plus célèbre des randonnées dans le Massif de Bavella est celle qui conduit au »Trou de la Bombe« – un rocher de forme inhabituelle percé d'un trou immense en plein milieu. Au programme aujourd'hui : une exploration plus poussée de cette formation rocheuse magique avec, avant d'y arriver, une longue partie d'escalade individuelle dans le cadre naturel du paysage rocheux du Massif de Bavella.

INFOS EN BREF

Départ : Parking au Col de Bavella.

Arrivée : Prendre au village côtier de Solenzara en bordure de la N 198 la D 268 qui oblique dans la Vallée de Bavella. Suivre la route de montagne très sinueuse pendant environ 30 km jusqu'au Col de Bavella et au parking avec la statue de la Vierge.

Difficulté : Randonnée en forêt par endroits raide et haltes escalade de longueurs variables sur le plateau. Repères oranges au début puis balisage du GR 20.

Âge : À partir de 8 ans.

Temps de marche : 3h30 à 4h30.

Longueur : 8,2 km.

Dénivelée : 450 m à la montée et à la descente.

Équipement : Chaussures de montagne, vêtement de pluie, maillot de bain. Le ciel étant souvent très couvert vers midi dans le Massif de Bavella même par beau temps, il peut faire très froid en raison de l'altitude. Emporter une veste dans le sac à dos.

Restauration : Rien en cours de route. Restaurants au village de Bavella. Au retour par la côte, crêperie (vente également de plats du jour corses) à gauche juste avant le camping »Rosmarinu«. Restauration possible à la pizzeria du camping.

Hébergement : Une auberge au village de Bavella. Campings dans les environs de Zonza qui se trouve à proximité, par exemple le »Camping La Rivière« (cf. p. 143). Le camping »U Rosmarinu« (cf. p. 145) se situe en direction du littoral.

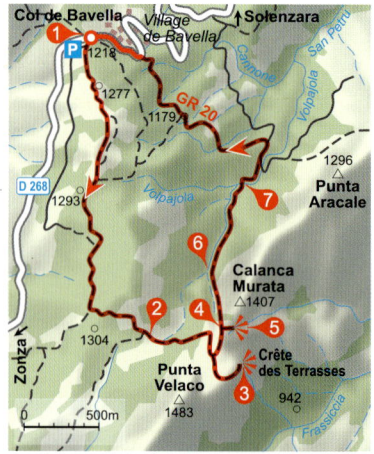

La randonnée démarre à la statue de la Vierge sur le **Col de Bavella** (1). Traversez la route et gravissez une fois de l'autre côté droit devant vous le versant en suivant le balisage orange. Certaines années, il arrive qu'on soit freiné dès les premiers mètres par les innombrables chenilles processionnaires du pin sur le chemin. Les chapelets formés par ces chenilles sont visibles de loin tout comme les petits sacs remplis de larves qui pendent aux arbres. Mieux vaut ne pas s'approcher de trop près de ces processions car ces chenilles sont recouvertes de poils

La grande statue de la Vierge sur le Col de Bavella.

qui peuvent provoquer des réactions allergiques très désagréables (cf. p. 28).

Après la première hauteur, suivez à mi-droite le chemin à travers champs puis continuez sur la gauche. Vous passez plus tard à droite d'une **piste d'atterrissage pour hélicoptères** (2). Juste après le panneau direction »U Cumpuleddu«, montez à droite sur les dalles de caillasse qui sonnent le début de l'aventure ! Des cairns vous aident à vous repérer sur le sentier jusqu'à ce que vous arriviez enfin à un petit **col**. Prenez ici immédiatement à droite et franchissez un court passage dans les rochers. Après un rocher en forme de nez sur la droite, vous arrivez à un **plateau** depuis lequel vous avez des vues magnifiques sur la mer. C'est ici que commence votre petite excursion personnelle car vous ne rencontrez plus

La première vraie partie d'escalade ne se fait pas attendre longtemps.

aucun randonneur. Vous pouvez en effet maintenant grimper un peu partout dans cette étendue quasiment dépourvue de chemin. Vous

La »Crête des Terrasses« : un terrain de jeux pour les »chèvres des montagnes«.

gravissez un autre plateau, la **»Crête des Terrasses«** (3). Pour profiter pleinement du merveilleux panorama et du calme qui règne ici, l'idéal est de pique-niquer à cette altitude. Autour de vous, les gros blocs rocheux sont toutefois parfaits pour une bonne partie d'escalade. Les rochers n'étant pas particulièrement hauts et les à-pics n'étant pas dangereux, vous pouvez laisser les enfants jouer en toute quiétude. Très loin en bas, vous distinguez des randonneurs qui se dirigent vers le »Trou de la Bombe« et qui ne sont pas plus gros que des fourmis.

Cherchez vous aussi maintenant un chemin pour vous y rendre en enjambant divers obstacles. Comme vous voyez bien votre but depuis le promontoire où vous êtes, vous n'êtes pas non plus obligé de suivre ici un itinéraire bien défini pour y aller même si vous finissez par tomber sur le large **sentier principal** qui conduit au »Trou de la Bombe«. Sui-

BONJOUR LES ENFANTS

Le trajet en voiture dans la Vallée de Bavella constitue déjà à lui seul une expérience et une aventure inoubliables. On rencontre en chemin des troupeaux de sangliers qui vivent en liberté, on croise des verrats terrifiants et d'adorables petits marcassins. Curieux, ces compagnons hérissés de poils s'approchent de la voiture – dans l'espoir que vous allez laisser tomber quelque chose à leur intention. Il n'est pas rare non plus que les vaches fassent leur sieste en plein milieu de la chaussée et qu'elles bloquent ainsi l'étroite route de montagne. Mais ce qui rend cette vallée unique en son genre ce sont les nombreuses marmites de géant dans lesquelles vous pouvez vous baigner dans une eau très limpide de la Solenzara. Grandes ou petites, profondes ou pas, l'une d'elles vous retiendra probablement pour barboter.

vez-le sur la droite puis obliquez bientôt encore une fois dans cette direction avant de gravir un sentier rocheux qui vous conduit directement jusque devant le **»Trou de la Bombe«** (4). Vous traversez naturellement le rocher percé pour admirer la vue sur la vallée voisine jusqu'à la mer (5). Si vous trouvez que l'escalade sur la »Crête des Terrasses« ne vous a pas suffit, vous pouvez toujours vous amuser à faire un peu d'escalade un peu partout en attendant votre tour pour faire des photos …

De retour au sentier principal, ne vous joignez pas aux autres randonneurs mais descendez directement (pas de balisage) le versant verdoyant et nu devant vous. Vous distinguez un **sentier battu** qui descend la pente abrupte en de petits lacets. Avant d'arriver à un ruisseau, suivez le sentier à droite et restez sur le côté droit du ruisseau. Si vous voulez reprendre des forces après les efforts que vous avez fournis pour l'escalade, vous pouvez faire plusieurs haltes baignade. Le premier **lieu de baignade** (6) avec un accès facile à la rivière se trouve exactement à l'endroit où vous avez rejoint le ruisseau. Après cette halte, vous devez marcher pendant encore un bon moment à l'ombre de la pinède mais c'est l'occasion de profiter avec bonheur du délicieux parfum de la forêt ainsi que du sol doux que vous foulez. Vous pouvez descendre au ruisseau quand vous en avez envie.

Vous franchissez enfin le cours d'eau à un endroit bien reconnaissable (7) où vous voyez déjà

Au »Trou de la Bombe«.

le sentier battu qui gravit le talus de l'autre côté. Obliquez ensuite à droite sur un large chemin. Lorsque vous vous retournez, vous constatez avec fierté que vous avez gravi une crête très haute. Vous arrivez maintenant au **GR 20** bien indiqué que vous suivez sur la gauche sur un terrain parfois très abrupt et parfois peu praticable en raison des racines immenses des gros arbres mais après ce passage encore une fois difficile, vous tombez sur la D 238 que vous longez dans les derniers 300 m jusqu'au **parking**.

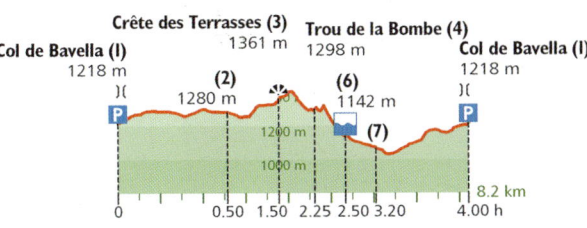

29 ▶ Patauger, escalader, nager

L'aventure dans la rivière Fiumicelli   dès 6 ans

Les marmites de géant du Fiumicelli sont assurément la plus belle attraction de la Vallée de Bavella. La randonnée aquatique à travers l'affluent de la Solenzara s'adresse aussi bien aux »canyonistes débutants« qu'aux randonneurs en eau vive expérimentés et exigeants car on peut pousser aussi loin qu'on veut dans le Fiumicelli. Les niveaux de difficulté en cours de route sont très divers mais il est possible dans la plupart des cas d'esquiver les passages délicats. Vous pouvez ainsi décider vous-même des efforts que vous voulez fournir. Mis à part cela, cette randonnée à travers le Fiumicelli est (encore) moins connue que les Cascades du Polischellu dans la Vallée de Bavella.

INFOS EN BREF

Départ : Pont de Fiumicelli sur la D 268.
Arrivée : Depuis Solenzara sur la côte, prendre la D 268 vers le Col de Bavella. Après le camping »U Rosmarinu«, arrivée au bout d'environ 15 km au Pont de Fiumicelli qui se trouve dans un tournant sur la gauche (panneau »Pont de Fiumicelli«). Petit parking à gauche du pont.
Difficulté : Randonnée aquatique dont la difficulté augmente au fur et à mesure mais le premier kilomètre est encore bien faisable pour les jeunes enfants. Les premiers bassins profonds arrivent ensuite et il faut les traverser à la nage ou enjamber des rochers pour les contourner (les deux alternatives exigent de gros efforts).

Âge : À partir de 6 ans.
Temps de marche : Variable. La variante longue jusqu'au parking supérieur dure 3h45 dont 3h dans la rivière.
Longueur : Variable. 4,7 km jusqu'au parking supérieur dont 3 km tout juste dans la rivière.
Équipement : Sandales de bain, profilées si possible, maillot de bain. Pour franchir également les bassins plus profonds (à la nage), le sac à dos (voire son contenu) et l'équipement doivent être mis dans des emballages étanches (sacs en plastique par exemple). Il est également possible de transporter le sac à dos sur une bouée pour traverser ces bassins. Protection contre le soleil !
Remarque : N'entreprendre cette randonnée que s'il fait chaud et si le temps est stable. Elle peut s'avérer dangereuse en cas d'orage.
Restauration : À quelques kilomètres en direction de Solenzara, un snack-bar/crêperie (crêpes succulentes et plats du jour corses) est joliment situé au-dessus de la Solenzara. Sinon, il est également possible de se restaurer dans la pizzeria du camping »U Rosumarinu« ou à Solenzara.
Hébergement : Le camping »U Rosumarinu« (cf. p. 145). Hébergements et campings à Solenzara.

Pas de problème pour contourner les petites cascades en début de randonnée.

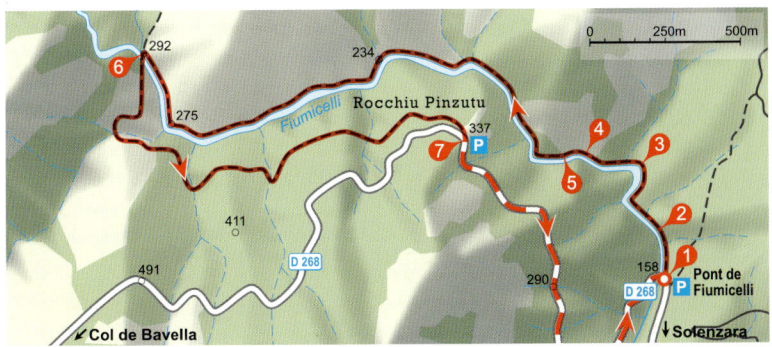

Les bassins sont de plus en plus profonds et la même question se pose : on escalade ou on nage ?

Descendez dans l'eau froide de la rivière juste en-dessous du **Pont de Fiumicelli** (1). Au printemps, le cours d'eau est encore relativement froid, mais il est surprenant de constater comme on s'habitue vite à ces températures extrêmement désagréables ! La randonnée dans le lit du Fiumicelli est un véritable plaisir en plein été lorsqu'il fait très chaud. Vous marchez vers l'amont pendant un moment avec de l'eau jusqu'aux genoux. À côté du cours d'eau, les rochers sont encore faciles à escalader mais ce luxe ne dure pas longtemps. Les bassins sont bientôt plus profonds et les parois rocheuses de plus en plus hautes et abruptes. Il faut alors peser le pour et le contre : chercher un chemin à côté du Fiumicelli en enjambant les rochers ou traverser à la nage les bassins de plus en plus profonds ? Mais c'est justement cela qui fait tout le charme de cette randonnée si particulière et si rocambolesque ! Par ail-

Les endroits sympas pour se reposer après l'escalade sont nombreux.

leurs, mis à part le problème de la traversée des bassins, vous rencontrez en cours de route de magnifiques lieux de baignade dont certains sont bordés de petites criques de sable. La première de ces **marmites** (2) paradisiaques est rejointe au bout de 250 m à peine. Les jeunes enfants peuvent ainsi s'amuser car après le bref parcours à travers la rivière et une partie de baignade intense, leur périple dans le Fiumicelli s'achève !

La randonnée continue et vous rencontrez un nombre croissant de gros rochers dans le lit de la rivière et de petites cascades sur votre route. Après à nouveau 500 m, vous arrivez à un autre **emplacement de baignade** (3) extraordinaire mais cette fois avec un rocher qui forme un plongeoir difficile. Les familles en compagnie d'enfants encore jeunes

peuvent ici se reposer, barboter puis faire demi-tour car la suite de la randonnée est très pénible. La rivière s'élargit et s'aplatit tandis que les parois rocheuses à gauche et à droite sont de plus en plus escarpées. Un étonnant **rocher en forme de nez** (4) apparaît dans votre champ de vision. Dès que vous l'apercevez, vous savez d'emblée pourquoi ce rocher avec le nez crochu d'une sorcière porte ce nom. Vous avez parcouru jusqu'ici environ 1 km dans la rivière en marchant, en escaladant et en nageant. Après avoir franchi ce »pif« un peu sinistre, la rivière oblique à gauche puis décrit encore un coude dans la même direction. C'est à ce moment que vous voyez apparaître la première des cascades et en même temps la plus difficile. Si vous arrivez à la franchir, alors continuez ! Pour ce faire, vous devez grimper à mi-gauche. Vous devez aider maintenant les jeunes enfants qui ont tenu le coup jusqu'ici d'autant plus que les rochers dans la cascade peuvent être glissants. Après un coude de la rivière sur la droite, les cascades qui

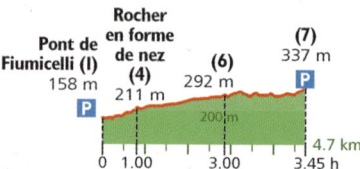

se succèdent ensuite sont loin d'être aussi difficiles que la première. Vous pouvez contourner un **bassin** (5) particulièrement profond en escaladant les rochers sur le côté droit. Le passage le plus difficile est derrière vous après environ 30 m.

Le chemin vous conduit maintenant à nouveau à travers des eaux plus calmes. D'autres bassins profonds et très beaux suivent. Si vous avez beaucoup d'endurance, continuez jusqu'à un **chemin de randonnée transversal** (6) 3 km environ après le Pont de Fiumicelli. Suivez-le à gauche pendant environ 2 km à travers bois jusqu'à la route carrossable. Il y a ici un **parking** (7) où la famille peut attendre pendant que papa ou maman va chercher la voiture. Vous êtes partis depuis environ 3 h 45 en comptant la randonnée. Vous pouvez aussi parcourir tous ensemble les 2 derniers km sur la route jusqu'au parking du pont, ce qui vous évite de refaire en sens inverse le parcours très fatigant à travers la rivière et donc de ne retenir

L'étonnant rocher en forme de nez.

que l'aspect positif de cette randonnée. Lorsque le trajet à partir du rocher en forme de nez vous semble trop fatigant, vous pouvez faire demi-tour avant, ce qui vous permet toutefois de profiter pleinement du Fiumicelli.

Les difficultés s'accroient notablement derrière le rocher en forme de nez.

30 ▶ Bonjour les acrobates !

Parcs accro-branches dans le Sud de la Corse

a) Parcours Aventure A Tyroliana sur la berge du Cavu   dès 3 ans

INFOS EN BREF

Arrivée : Prendre la N 198 vers le Sud puis la D 168A sur la droite à Ste-Lucie-de-Porto-Vecchio direction Tagliu Rossu (Taglio Rosso). La suivre jusqu'à l'embranchement de la D 168, bifurquer à droite et franchir la rivière. Le parc est bien indiqué à partir d'ici et se trouve au début de la Vallée du Cavu.

Difficulté : Insensibilité au vertige et une assez bonne condition physique.

Âge : À partir de 3 ans.

Équipement : Chaussures solides. Équipement individuel fourni.

Horaires d'ouverture : Mi-mai à mi-octobre 9–17h.

Tarifs : Adultes entre 10 et 22 €, enfants entre 8 et 20 €. Baby parc (deux parcours) pour les enfants à partir de 3 ans entre 6 et 8 €.

Durée de la visite : Environ 2h.

Restauration : Snack-bar et vente de boissons dans le parc.

Hébergement : Cinq camping autour

de Ste-Lucie-de-Porto-Vecchio. Le camping 3 étoiles »Le California« (20144 Ste-Lucie-de-Porto-Vecchio, tél. 04 95 71 49 24, www.camping-california.net). est chaudement recommandé. Cette aire naturelle au sud de Pinarellu directement sur la côte propose un terrain de jeux pour les enfants, un bar, une pizzeria, un terrain de volley-ball, un court de tennis, des installations sanitaires confortables et un magasin d'alimentation.

Les tyroliennes sont géniales !

IDÉE DE BAIGNADE

La rivière Cavu est relativement peu fréquentée alors que son lit est jalonné de nombreux et beaux emplacements de baignade. Vous pouvez remonter son cours sur la berge et chercher les plus beaux coins. Il est possible de rouler un moment sur la berge jusqu'à ce qu'elle fasse place à une piste : à partir d'ici, mieux vaut continuer en 4x4. La rivière offre des bassins profonds mais aussi des petites piscines naturelles moins profondes et plus propices au barbotage. Avec un peu de chance, on peut tomber sur un emplacement avec des toboggans naturels sur lesquels dévaler dans l'eau ! Il est conseillé aux vacanciers près de Porto-Vecchio de ne pas laisser passer cette occasion !

Le panneau sur lequel vous pouvez lire »Baby Parc« vous indique que même les très jeunes enfants peuvent ici s'amuser sans se surmener. Cela ne signifie pas pour autant que ce parc s'adresse uniquement aux bébés ; cela veut dire simplement que le Parcours Aventure A Tyroliana propose diverses formes d'escalade adaptées aux enfants et non pas des via ferratas qui s'étirent sur plusieurs centaines de mètres et qui poussent même les adultes à jusqu'à leurs limites (voire au-delà). Au cœur d'une pinède méditerranéenne, le parc propose quatre parcours avec des niveaux de difficulté différents ponctués de sauts en liane à la Tarzan, de tyroliennes et de ponts bascules. Les parcours d'escalade marqués en blanc sont destinés aux plus jeunes, ceux en vert désignent les raidillons simples mais encore adaptés aux enfants plus âgés, ceux en jaune enfin sont d'un niveau de difficulté moyen et ceux en bleu correspondent aux parcours très difficiles dans le parc.

Le départ pour l'aventure est donné.

b) Parc Aventure XTREM Sud en forêt de l'Ospédale   dès 3 ans

INFOS EN BREF

Arrivée : Quitter près de Porto-Vecchio la N 198 et prendre la D 368 vers le Nord-Ouest et le Massif de l'Alta Rocca. Suivre la route du col très sinueuse pendant environ 18 km. Le parc se trouve après le village d'Ospédale sur la droite face au lac artificiel (des drapeaux bien visibles bordent la lisière extérieure du parc).
Difficulté : Insensibilité absolsue au vertige et une assez bonne condition physique pour les parcours plus difficiles.
Âge : À partir de 3 ans.
Équipement : Chaussures solides. Équipement individuel fourni.
Horaires d'ouverture : 1er mai au 15 septembre. À partir de 16 septembre
sur réservation. Mieux vaut réserver aussi en pleine saison au 04 95 70 01 20 ou au 06 18 97 03 46.
Tarifs : Enfants de 3 à 12 ans 12 €, adolescents jusqu'à 18 ans 18 €, adultes 22 €.
Durée de la visite : Environ 2 à 4h.
Restauration : Dans le petit village proche d'Ospédale ou dans la plus grande localité de Zonza à tout juste 20 km.
Hébergement : Le camping »La Rivière« (20124 Zonza, tél. 04 95 70 03 67, http://camping-lariviere-zonza.chezalice.fr) sur la berge d'une rivière dont l'accès est réservé aux campeurs seulement, au cœur d'une belle pinède à environ 20 km. Le camping familial entre Zonza et Quenza accueille les touristes d'avril à octobre.

Le lac artificiel à proximité est un beau but de promenade dans l'Alta Rocca.

Un parc accro-branches très spécial a été aménagé de manière idyllique dans l'Alta Rocca à 1000 m d'altitude près du lac artificiel d'Ospédale au cœur d'une pinède. On s'accroche à des cordes, on passe d'un arbre à l'autre en tyrolienne, en liane ou encore par des passerelles oscillantes. 100 stations attendent les visiteurs amateurs d'escalade en fonction de leur âge.

Pour les enfants à partir de trois ans, il existe ici un »baby parc« séparé. Les plus jeunes peuvent ici se familiariser avec la technique d'escalade sur des parcours spécialement conçus pour les débutants. Les instructeurs montrent bien sûr avant de commencer comment utiliser l'équipement.

En fonction de la hauteur jusqu'à laquelle vous pensez pouvoir monter, vous avez de superbes vues sur les magnifiques alentours. Depuis l'un des parcours d'aventure très élevé, il est même possible d'apercevoir par temps clair la Sardaigne, tout au moins la mer et le lac artificiel juste en face.

RANDONNÉE À FAIRE

Le parc Aventure XTREM Sud a été aménagé au cœur de la Forêt de l'Ospédale, une forêt enchantée où dominent les gros blocs de roche et les pins noirs. Les randonnées dans ce merveilleux paysage sont tout simplement magnifiques. La Punta di a Vacca Morta est une très belle destination à condition d'avoir encore des forces lorsqu'on a passé quelques heures dans le parc. Le point de départ est le Col de Mela auquel monte une route étroite à l'Ouest du lac artificiel. Le sommet à 1314 m d'altitude est aisément atteint par divers itinéraires qui sont tous balisés avec des cairns. Par beau temps, le panorama entraperçu, de la côte Est à la côte Ouest, est impressionnant. Temps de marche : 3h30 aller et retour.

c) Parcours Aventure de la Solenzara   dès 3 ans

Arrivée : Depuis Solenzara, suivre la D 268 direction Col de Bavella. Après environ 8 km, arrivée juste après le camping »U Rosumarinu« sur la droite au Parcours Aventure (reconnaissable à la petite maison en bois et aux grandes bannières publicitaires).

Difficulté : Insensibilité absolue au vertige et une assez bonne condition physique pour les parcours plus difficiles.

Âge : À partir de 3 ans.

Équipement : Chaussures solides. Équipement individuel fourni.

Horaires d'ouverture : Début juillet à mi-septembre tous les jours 9–20h. Sinon sur demande. Mieux vaut réserver (sur place ou au 06 29 19 19 04).

Tarifs : Adultes 17 €, enfants 14 €, baby parc 6 €.

Durée de la visite : Environ 2 à 4h.

À savoir : Les enfants et les adolescents de moins de 16 ans doivent être accompagnés d'un adulte.

Restauration : À la pizzeria du proche camping et à la crêperie en direction du Col de Bavella (cf. p. 138). Bars et restaurants (en bord de mer aussi) sur la côte à Solenzara.

Hébergement : Le camping »U Rosumarinu« juste en bordure de la rivière Solenzara est considéré comme l'un des plus beaux de Corse (20145 Solenzara, tél. 04 95 57 47 66, www.urosumarinu. fr). Lové parmi les eucalyptus, les chênes-lièges et les pins noirs, il est suffisamment ombragé même lorsqu'il fait très chaud. Possibilité de se restaurer dans la pizzeria du camping et même de commander du pain.

Situé entre mer et montagne, sur la berge de la Solenzara, vous trouvez au tout début de la Vallée de Bavella ce magnifique parc de loisirs qui comprend un parcours aventure et une via ferrata (à partir de 12 ans). Le parcours aventure est principalement destiné aux familles avec des enfants.

Le »baby parc« avec un parcours à un mètre au-dessus du sol qui exige la présence d'un adulte est destiné aux plus jeunes. Quant aux grands et aux petits mesurant au moins 1,40 m, toutes les activités en matière d'escalade leur sont ici permises (une règle permet d'éviter les tricheries). Trois parcours sont proposés aux visiteurs. Les diverses stations des parcours sont disséminées de part et d'autre de la rivière Solenzara. Il faut aussi monter sur des rochers et s'enfoncer un peu dans les montagnes – mais tout a été prévu pour que les enfants puissent participer. Ponts bascules, balançoires, échelles, surf des cimes, troncs oscillants et ponts de singe feront la joie de tous les acrobates.

Les stations enjambent de manière rocambolesque la rivière Solenzara.

La côte Est et l'intérieur des terres

Un paysage de rochers abrupts domine la côte orientale de la Corse tandis que les plages au charme des Caraïbes se succèdent les unes aux autres dans le Sud – difficile d'imaginer que l'Est de l'île puisse soutenir la comparaison avec tant de nature et de beauté. Mais il y arrive ! Le plat pays de la côte Est a l'avantage de pouvoir offrir de merveilleuses criques avec des kilomètres de plage sur le littoral. Cette région est un paradis pour les baigneurs ce qui explique le grand nombre de villages de vacances et de clubs proposant des activités nautiques. La plupart des plages de sable descendent généralement en pente douce vers la mer et comme le ressac est beaucoup moins fort par exemple que sur la côte Ouest, le littoral Est est donc idéal pour des vacances sur la plage avec de jeunes enfants.

Les plages se concentrent principalement sur le tronçon entre la Costa Verde (autour de Moriani Plage) et la Costa Serena jusqu'à Ghisonaccia. Les terres en bordure de la côte ici sont parfaitement plates d'où le nom de Plaine Orientale qui lui a été donné. Cette région est également essentielle pour l'économie corse. En plus des zones viticoles autour d'Aléria, la plaine de la rivière Fium Orbo près de Ghisonaccia abrite les plus grandes exploitations agricoles de l'île.

Dans l'arrière-pays de la partie Nord de la côte Est, vous découvrirez la Castagniccia, joli paysage vallonné qui contraste avec la plaine sur le littoral et auquel la châtaigne a donné son nom. Cet arbre a une longue tradition en Corse et ce n'est pas un hasard s'il est aussi répandu aujourd'hui : en effet, au 13ème siècle, les Génois exigent de chaque propriétaire terrien corse qu'il plante quatre arbres. Parmi tous les arbres envisagés, le châtaignier est le seul à très bien pousser à des altitudes comprises entre 400 et 800 m ce qui explique pourquoi il ne tarde pas à recouvrir de grandes étendues dans cette région. Il fournit également un fruit précieux : utilisé pour faire de la farine, il est également donné en pâture aux animaux et son bois sert à la fabrication de meubles. La châtaigne est ainsi devenue l'aliment de base de la population corse. Les cochons sauvages qui vivent en liberté

Incontournable : la randonnée menant aux Cascades des Anglais (randonnée 37).

Une attraction dans les terres : la cité des tortues »A Cupulatta« dans la Vallée de la Gravona (excursion 39).

en profitent également et se régalent en dévorant les fruits délicieux qu'ils trouvent sur le sol …

Les montagnes ne sont pas totalement absentes de la côte Est qui s'apparente en grande partie à une plaine. Le proche Massif de Bavella qui se dresse au Sud de la côte Est juste derrière la mer est également bien accessible d'ici.

Dans les terres aussi, plus précisément autour de Corte, capitale »secrète« de l'île, dans le massif montagneux central, le tourisme occupe une place très importante car de nombreuses attractions sont facilement accessibles d'ici comme par exemple les monumentales »Cascades des Anglais« ou la grande cité des tortues »A Cupulatta«. La ville de Corte proprement dite offre un grand nombre de destinations sé-

duisantes avec ses deux vallées latérales de Tavignano et de la Restonica tandis que la vieille ville mérite à elle seule une visite avec ses ruelles étroites et abruptes et sa citadelle qui trône au-dessus des habitations. Corte et les terres à l'intérieur sont facilement accessibles de n'importe quel point de l'île et le trajet pour les rejoindre »dans le centre« à travers des gorges et des montagnes est un voyage qui réserve bien des surprises. Notamment à bord du légendaire train corse (cf. p. 159) !

La Costa Serena se compose d'une seule et très longue plage de sable.

Les plages de la côte Est

En haut dans le Nord, les plages de la Costa Verde commencent dans la région de Castagniccia et se succèdent presque sans interruption jusqu'à la Costa Serena qui s'étale de l'embouchure de l'Alesani jusqu'à Solenzara. Les plages ne sont pas présentées individuellement car le littoral entre Moriani-Plage dans le nord et Solenzara dans le Sud de la côte ressemble à une seule et uniques qui s'étend à perte de vue. La côte n'étant qu'une succession de plages, nous avons choisi de nommer seulement les portions du littoral correspondantes.

Costa Verde

La Costa Verde ou »côte verte« commence à hauteur du bourg de Taglio-Isolaccio dans le Nord et s'achève au Sud à l'embouchure de l'Alistro. Cette bande côtière de 17 km de long est jalonnée de nombreuses plages de sable avec des clubs de vacances et des campings. La station balnéaire de Moriani-Plage à 40 km au sud de Bastia attire de nombreux vacanciers. Moriani-Plage est à la fois la principale localité de la Costa Verde et c'est à elle que la plage doit son nom. Cette jolie plage de sable est d'ailleurs idéale pour les enfants car elle descend doucement vers la mer. Elle est en outre parvenue à rester telle qu'elle était en raison de sa longueur qui semble infinie – notamment près de l'embouchure entre Moriani-Plage et Santa-Lucia-de-Moriani.

Vers le Sud, les kilomètres de sable se succèdent jusqu'à ce que vous vous retrouviez sur la Costa Serena.

Arrivée : La station balnéaire de Moriani-Plage et le tronçon côtier vers le Sud sont en bordure de la N 198 qui relie Bastia à Porto-Vecchio.

Costa Serena

Tout comme la Costa Verde au Nord, la Costa Serena est dominée par les plages de sable fin et blanc, ce qui lui vaut d'attirer bon nombre de vacanciers. La beauté des longues bandes sablonneuses bordées de pinèdes est encore rehaussée par les lagunes près d'Aléria, offrant ainsi un joli changement de cadre aux baigneurs.

À la recherche d'épaves sur l'une des magnifiques plages de la côte Est.

Les plages ne sont pas toujours aussi solitaires mais le sable est toujours aussi fin.

La ville romaine d'Aléria possède également une belle étendue de sable, la Plage de Padulone. Située à l'embouchure du Tavignano, elle est magnifique et offre en été un joli but d'excursion. Elle est également idéale pour les enfants, car elle descend en pente douce dans la mer et qu'ils peuvent jouer à une foule de choses dans le sable.

La plus belle station balnéaire sur la Costa Serena est Ghisonaccia. La plage bien entretenue de cette petite ville du littoral, la Plage Quercioni, est d'une longueur impressionnante et elle attire principalement des familles avec de petits enfants avec son sable fin et jaunâtre.

La plage de Ghisonaccia est suivie sans transition, toujours sur la Costa Serena, des longues plages de sable clair de Solenzara. La plage de la localité notamment, située à l'embouchure de la Solenzara au Nord du bourg, est une véritable attraction : la large et longue bande de sable clair et fin avec l'embouchure idyllique de la rivière permet non seule-

ment aux enfants de se baigner sans souci mais c'est également l'un des endroits les plus pittoresques sur cette côte.

Arrivée : 86 km séparent Bastia de Ghisonnacia ; de là, il faut encore parcourir 18 km jusqu'à la station balnéaire de Solenzara. Les deux localités se trouvent sur la N 198 qui relie Bastia à Porto-Vecchio.

Depuis Solenzara, en continuant vers le Sud, la côte est moins monotone. Les plages sont maintenant entrecoupées par des sections de littoral rocheuses qui dissimulent des criques propices à la baignade (par exemple au Nord de Tarco). On trouve toutefois encore des plages couvertes de sable comme l'Anse de Canella et l'Anse de Favone, toutes deux »d'une longueur raisonnable« en comparaison avec les plages qui s'étalent à perte de vue dans la partie plus au Nord de la côte Est. Ce sont également des sites de baignade parfaits avant que la côte n'atteigne enfin le Sud de l'île.

31 ▶ Ils sont fous ces Romains !

La cité antique d'Aléria sur la côte Est   dès 4 ans

Dès que l'on fait allusion au passé romain de la Corse, le premier nom auquel on pense est celui d'Aléria et pas seulement parce que cette localité côtière apparaît dans l'album de bandes dessinées »Astérix en Corse«. En effet, Aléria a été jadis une base militaire importante pour les Romains sur l'île. La ville actuelle d'Aléria est une destination intéressante ne serait-ce que pour admirer les vestiges et les objets découverts lors de fouilles autour de la ville antique et exposés dans un musée sur le site archéologique (cf. aussi p. 25).

INFOS EN BREF

Arrivée : Aléria se situe sur la N 198 qui relie Porto-Vecchio dans le Sud à Bastia dans le Nord, précisément au milieu de la côte Est.

Difficulté : Une partie de la ville se trouve sur un plateau auquel mènent des sentiers escarpés.

Âge : À partir de 4 ans.

Durée de la visite : 1 jour.

Renseignements : Office de tourisme sur la N 198, tél. 04 95 57 01 51, www.corsica-costaserena.com. Horaires d'ouverture : tous les jours en été 9–19h, sinon du lundi au vendredi 9–12h et 15–18h.

Équipement : Chaussures confortables, protection contre le soleil, maillot de bain.

Restauration : Restaurants, cafés et bars dans le quartier moderne de Caterragio.

Hébergement : Le »Camping Marina d'Aléria« (20270 Aléria, tél. 04 95 57 01 42, www.marina-aleria.com) sur la Plage de Padulone. Emplacements de camping très beaux à l'ombre des pins et des eucalyptus ainsi que bungalows en bordure de mer (à louer). Il possède un petit magasin et une pizzeria ainsi qu'un bar. Le »**Camping Arinella Bianca**«, considéré comme le plus beau camping de la côte Est (20240 Ghisonaccia, tél. 04 95 56 04 78, www.camping-corse.fr) se trouve à 15 km au Sud d'Aléria. Ce grand terrain de camping ombragé 4 étoiles est parfaitement équipé et propose aux enfants et aux adolescents un vaste programme d'animations. Les prix sont par conséquent un peu plus élevés que sur les autres campings de l'île.

Aléria se divise en deux parties : la ville moderne avec les quartiers d'Aléria au Sud du Tavignano et de Caterragio au Nord de la rivière et le **village antique** qui s'étale également sur un plateau au Sud du Tavignano. Le Fort de Matra est une forteresse génoise qui trône ici sur une colline et qui expose dans son **Musée d'Archéologie Jérôme-Carcopino** une collection des objets trouvés lors de fouilles. Il expose surtout des objets récupérés dans les

Le Fort de Matra.

tombes des époques pré-romaine et romaine. On peut y voir des objets de la vie quotidienne comme par exemple des amphores, des assiettes, des bijoux, des outils et des lampes, mais aussi des vases, des calices et autres objets du même acabit. Les objets sont pour certains si bien conservés que l'on peut encore reconnaître les dessins dont ils sont ornés. Les pièces exposées sont accompagnées de graphiques et de plans du site où elles ont été trouvées pour permettre aux visiteurs de bien comprendre comment les squelettes gisaient dans les tombes et de savoir avec quels objets ils avaient été enterrés. La »tombe du prisonnier« est très impressionnante et sinistre à la fois : les chaînes en fer enserrent encore les chevilles osseuses de l'ancien prisonnier – comme s'il pouvait encore prendre la fuite …

Dans le **chantier de fouilles** juste à côté du fort, il reste encore de l'ancienne ville romaine les murs de fondation du forum par exemple, mais aussi du temple, du mur d'enceinte et des bains. Avec un peu d'imagination, une promenade à travers les ruines se transforme en une aventure passionnante. Le chantier est ouvert depuis les années 60 du siècle dernier et les travaux ne sont pas encore terminés.

Si vous souhaitez vous intéresser encore à cette période romaine, nous vous recommandons la »Festa antica« au début du mois d'août. Des »Romains« en costumes d'époque présentent et vendent des objets d'art typiques, des musiciens donnent des spectacles, des jeux sont organisés et le vin régional coule à flot.

Après tant d'histoire, il est temps de piquer une tête dans la mer froide. Pour cela, deux possibilités à Aléria. La **Plage de Padulone**, étendue sa-

Embarcadère à l'Étang d'Urbino.

blonneuse longue de plusieurs kilomètres, avec restaurant et café vous invite à vous baigner dans la Méditerranée. Elle s'étend entre l'embouchure du Tavignano et la tour près de l'**Étang de Diana**, deuxième site de baignade sur place si vous voulez une autre chose que la rivière ou la mer. La lagune abrite aussi un petit coin d'antiquité car l'élevage d'huîtres qui est la principale activité de cet étang, se pratiquait déjà au temps des Romains. Au milieu de l'étang, vous voyez une »île« formée à partir de coquilles d'huîtres accumulées au fil des siècles. Une autre lagune au sud d'Aléria est l'**Étang d'Urbino** que vous pouvez par exemple explorer en bateau à moteur (location à côté du restaurant flottant).

MUSÉE D'ARCHÉOLOGIE

Horaires d'ouverture : Mi-mai à fin septembre tous les jours 9–12h et 13–18h, début octobre à mi-mai tous les jours 8–12h et 13–17h (dernière admission une demi-heure avant la fermeture du musée).

Tarifs : 2 € pour les adultes et les enfants. Le prix comprend la visite du chantier de fouilles juste à côté du fort.

32 ▶ Une douche froide

Baignade dans la marmite de géant du Bucatoggio   dès 3 ans

Il existe une multitude de marmites de géant en Corse mais même si elles étaient deux fois plus nombreuses, aucune quasiment ne serait aussi solitaire et tranquille que celle du Bucatoggio. Située à l'écart des masses de touristes, elle est très spéciale parce qu'il est possible de se baigner sous l'eau qui dévale en trombe la cascade. Les randonneurs très auda-cieux peuvent escalader les rochers à côté de la chute d'eau et plonger dans le bassin profond. Les plus jeunes quant à eux s'amusent dans les piscines plus plates juste avant. Le lieu est si idyllique que toute la famille sera enchantée de cette excursion.

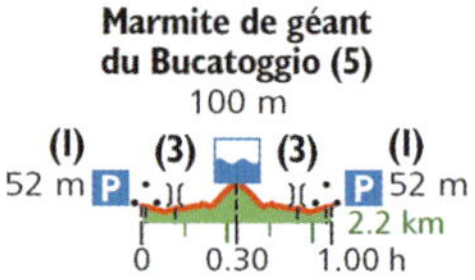

**Marmite de géant
du Bucatoggio (5)**
100 m
(l)   (3) ☁ (3)   (l)
52 m P   )( )(P 52 m
                        2.2 km
0   0.30   1.00 h

Les eaux glaciales de la cascade se jettent dans la marmite de géant.

Départ : Parking près du »Site Archéologique«.

Arrivée : Prendre la N 198 vers le Sud, tourner 1,3 km après le village de Moriani dans la D 334 direction Santa-Maria-Poggio. Environ 2 km plus loin, suivre le panneau »Site Archéologique« sur la droite. Après quelques maisons isolées dans le quartier de Pianelli, arrivée après environ 1 km à gauche à un emplacement de stationnement (panneau marron »Sentier de l'Uccelluline«).

Difficulté : Randonnée simple et courte avec un merveilleux site de baignade. L'itinéraire est balisé en orange.

Âge : À partir de 3 ans.

Longueur : 2,2 km.

Temps de marche : 1h.

Dénivelée : 80 m à la montée et à la descente.

Équipement : Sandales de trekking, maillot de bain, protection contre le soleil.

Restauration : Bars et restaurants à Moriani-Plage en bordure de la N 198.

Hébergement : Le camping »Kalypso« directement sur plage de sable (20221 Santa Maria Poggio, tél. 04 95

À travers champs et par monts et par vaux.

38 56 74, www.corse-camping.com) à l'embranchement de la D 334 et de la N198. Terrain de jeux et snack-bar. Mobilhomes et caravanes à louer.

Depuis le **parking** (1), prenez vers le Nord et vous rejoignez au bout de quelques mètres à peine le **»Site Archéologique«** (2) qui n'est pas vraiment passionnant. En effet, on ne trouve dans ce chantier de fouilles de la période pisane que quelques vestiges de murs envahis par la végétation. Impossible au visiteur d'imaginer ce qui a été déterré ici mais les enfants peuvent s'amuser à faire un peu d'escalade et à fureter par-ci par-là. Peut-être que l'un ou l'autre de ces archéologues en herbe découvrira des trésors oubliés d'une ancienne époque ? La randonnée se poursuit sur un passage sans ombre jusqu'à un magnifique **pont génois** (3) après un

tournant sur la gauche. Vous pouvez faire une première halte baignade sur la petite plage de sable sous le pont. Vous découvrirez près du pont une petite cabane de sor-

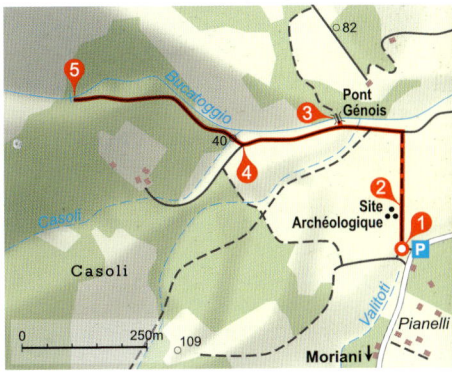

Les rochers dissimulent la profonde marmite de géant.

cière abandonnée et en ruines. Ici aussi, les jeunes randonneurs peuvent l'explorer de fond en comble avant de reprendre la route vers la cascade.

Pour rejoindre la piscine naturelle, ne traversez pas le pont mais continuez à suivre le large chemin sous le soleil jusqu'à un **embranchement** (4) que vous n'identifiez pas comme tel au premier abord : un pylône téléphonique avec un repère orange vous indique l'endroit où vous devez vous enfoncer à droite dans le présumé maquis. Franchissez quelques petits ruisseaux et suivez le lit de la rivière qui clapote à votre droite. Le chemin s'étire maintenant à l'ombre des arbres. Les derniers mètres avant d'arriver au but passent par de gros rochers qu'il faut enjamber avant de rejoindre les bassins de baignade peu profonds pour les plus jeunes randonneurs.

Après avoir franchi quelques rochers plus gros, vous arrivez à votre destination au bord de la profonde **marmite de géant du Bucatoggio** (5). Vous entendez d'ailleurs depuis un bon moment le déferlement de la cascade. Il faut avoir du courage pour deux pour plonger ici dans l'eau : premièrement, le bassin est vraiment profond et deuxièmement, l'eau est glaciale. Une fois dedans toutefois, on peut s'approcher sans problème de la cascade. Une corde sur la gauche permet d'escalader les rochers jusqu'à la hauteur souhaitée avant de replonger dans l'eau suffisamment profonde – un plaisir auquel on ne peut pas s'adonner tous les jours ! Si vous êtes un vrai champion sportif et que vous êtes audacieux, vous pouvez escalader le rocher jusqu'en haut avec la corde pour rejoindre l'autre bassin naturels du Bucatoggio dans cette partie de la rivière.

Reprenez le chemin de l'aller pour retourner au **parking** et ouvrez les yeux pour essayer de découvrir l'épave rouillée d'une voiture qui est dissimulée dans les fourrés sur la berge gauche de la rivière. Comment cette épave a-t-elle donc atterri dans cet endroit isolé et surtout peu praticable ?

Au royaume des cieux

33

Vers le paradis verdoyant du Lac de Nino (1743 m)   dès 7 ans

Les chevaux qui vivent ici en liberté regardent avec curiosité les randonneurs tandis que les vaches se roulent avec délectation dans l'herbe et que vous voyez apparaître un mouton ici et là – tout cela dans un merveilleux décor montagneux qui soutient sans difficulté la comparaison avec les alpages suisses d'Heidi ; on se demande à juste titre si l'on est vraiment en Corse. Le Lac de Nino est un lac très spécial qui se love à presque 1750 m d'altitude au cœur d'un plateau très verdoyant avec vue sur le Monte Rotondo et qui fascine toujours les randonneurs quel que soit leur âge. Pour accéder à ce paradis loin de tout, la route est longue et le chemin est plutôt malaisé et parfois très fatigant.

INFOS EN BREF

Départ : Maison Forestière de Poppaghia sur la D 84.

Arrivée : Suivre la N 193 puis la D 84 près de Francardo direction Col de Verghio. La Maison forestière de Poppaghia se trouve à environ 7 km au Sud-Ouest d'Albertacce et à approximativement 11 km au Nord-Est de Castellu di Verghio.

Difficulté : Longue randonnée sur des sentiers rocailleux avec quelques passages d'escalade et une dénivelée importante. Une bonne condition physique et un pied sûr sont indispensables. L'itinéraire est balisé en jaune.

Âge : À partir de 7 ans.

Temps de marche : 6h (5h sans tour du lac).

Longueur : 8–10 km.

Dénivelée : 760 m à la montée et à la descente.

Équipement : Chaussures de montagne, veste, protection contre le soleil.

Restauration : Rien en cours de route. Un hôtel-restaurant se trouve dans un endroit isolé et tranquille directement sur la D 84 à Castellu di Verghio à 11 km de là.

Hébergement : L'aire naturelle du camping »Acquaviva« (20224 Calacuccia, tél. 04 95 47 00 39, www.acquaviva-fr.com) à 300 m du centre de Calacuccia. Situé en plein cœur des montagnes et dans un superbe panorama, ce camping est un véritable terrain d'aventures mais proche de toutes les infrastructures de la vie quotidienne (supermarché, restaurants, pharmacie, office de tourisme).

Des chevaux sauvages de races très différentes attendent vos caresses.

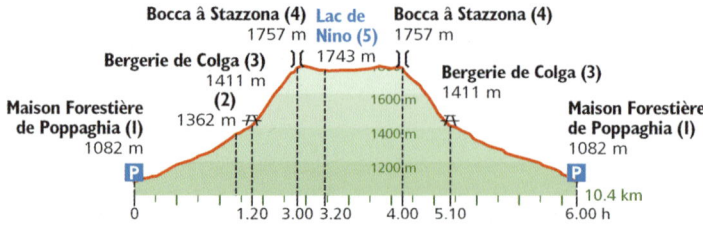

Des chevaux sauvages au cœur des montagnes – Le Lac de Nino est un véritable enchantement !

Depuis le parking près de la **maison forestière** (1), suivez le chemin de randonnée bien aménagé et balisé en jaune vers l'Est en bordure d'une croupe montagneuse. Traversez une pinède puis obliquez vers le Sud et la vallée du ruisseau Colga. Continuez en gros dans cette direction pendant que vous cheminez vers la vallée face à vous. Le ruisseau clapote allègrement sur votre gauche et vous poursuivez votre route en suivant le balisage jaune. De sympa-

thiques randonneurs ont également placé des cairns en de nombreux endroits de manière à ce qu'il soit impossible de rater le chemin qui mène au lac. Environ 2 km après le départ, vous devez continuez dans le ruisseau proprement dit, à la plus grande joie des jeunes randonneurs. Dès que les aulnes forment des broussailles touffues, passez en sautillant d'une pierre à l'autre sur la **rive** gauche **du ruisseau** (2). Le chemin continue à monter jusqu'à ce

Bocca à Stazzona (4) Lac de   Bocca à Stazzona (4)
1757 m   Nino (5)   1757 m
Bergerie de Colga (3))[1743 m][
1411 m   (2)   Bergerie de Colga (3)
Maison Forestière   1362 m   1411 m
de Poppaghia (I)   Maison Forestière
1082 m   de Poppaghia (I)
1082 m

10.4 km

0   1.20 3.00 3.20   4.00 5.10   6.00 h

BONJOUR LES ENFANTS

La »Bocca â Stazzona« ressemble à une immense terrasse couverte de rochers sur laquelle vous pouvez folâtrer sans que cela soit jamais dangereux. Le sol est parsemé de très nombreux fragments de roche. Selon une légende, ce serait les »bœufs pétrifiés du diable« et il n'est vraiment pas nécessaire d'avoir beaucoup d'imagination pour comprendre pourquoi ce nom a été choisi !

que la forêt s'éclaircisse et que vous arriviez à la **Bergerie de Colga** (3), premier but d'étape. L'endroit n'est pas aménagé mais il est idéal pour se reposer.

Après la bergerie, le chemin se redresse sensiblement alors que vous avez franchi une dénivelée de »seulement« 350 m à peu près. Reprenez donc votre souffle car il va falloir maintenant montrer ce dont vous être capable. Le sentier grimpe sur le versant escarpé à gauche du ruisseau au bout de la vallée et débouche bientôt sur des dalles et des blocs de rochers. Vous devez grimper à quatre pattes en certains endroits particulièrement escarpés mais une fois ce passage franchi, vous êtes récompensé au col **Bocca â Stazzona** (4) par la magnifique vue qui s'offre à vous sur le Lac de Nino que vous apercevez au milieu des prés de l'autre côté du col à vos pieds. Vous pouvez mettre ici un terme à votre randonnée mais si tout le monde est encore en forme, il est chaudement recommandé de faire le tour du Lac de Nino (2 km supplémentaires) et d'aller voir de plus près les animaux qui broutent en liberté sur ses rives. Il n'est pas toutefois toujours possible de rejoindre le lac sans se mouiller les pieds car les prés autour du Lac de Nino sont parcourus de petits ruisseaux et se transforment en maré-

cage après des précipitations. La rivière Tavignano (cf. randonnée 35) qui traverse Corte vers la côte Est prend sa source dans le **Lac de Nino** (5) qui s'étale sur 6,5 hectares. Il est malheureusement interdit de s'y baigner.

Après avoir pleinement profité ici en haut de ce paradis naturel, reprenez le même chemin pour retourner au col **Bocca â Stazzona** (4) jusqu'au **parking**.

34 La capitale secrète

Corte au cœur de l'île   dès 6 ans

La ville au centre de la Corse tire une partie de son charme de sa situation géographique au confluent de deux rivières : la Restonica et le Tavignano. Elle est ainsi proche non seulement d'extraordinaires sites de baignade mais aussi de belles destinations de randonnée (35, 36).

Cette ville de tout juste 7000 habitants qui forme déjà un contraste détonnant avec les petits villages côtiers, propose un programme très varié. Au milieu du 18ème siècle, Corte a même été la capitale de l'île. Le fameux résistant Pascal Paoli, s'est battu ici pour libérer la Corse du joug français. Ces efforts sont certes anéantis lors de sa défaite à la bataille de Ponte Novu, mais la ville de Corte reste un symbole du combat pour l'indépendance des Corses.

INFOS EN BREF

Arrivée : Corte se situe dans le centre de l'île sur la N 193 qui relie l'Est en Ouest Bastia à Ajaccio. Corte est à 67 km de Bastia et à 82 km d'Ajaccio.

Difficulté : Corte se trouvant au cœur des montagnes, quelques montées sont naturellement inévitables pour pouvoir explorer la ville à loisir.

Âge : À partir de 6 ans.

Durée de la visite : 1 à 2 jours.

Renseignements : Corte Office de tourisme, La Citadelle, 20250 Corte, tél. 04 95 46 26 70, e-mail : corte.tourisme@wanadoo.fr., www.corte-tourisme.com. Horaires d'ouverture : mi-avril à mi-août tous les jours 9–20h, en septembre du lundi au samedi 9–13h et 14–18h, les autres mois 9–12h et 14–18h.

Équipement : Chaussures confortables, protection contre le soleil.

Restauration : Nombreux restaurants autour de la Place de Paoli dans le centre de la vieille-ville. Le restaurant »U San Téofalu« (Place Paoli 5) est chaudement recommandé ; il propose un menu propre à satisfaire les goûts de toute la famille. Les plats sont délicieux et la terrasse sous le grand store permet de s'asseoir à l'ombre.

Hébergement : Plusieurs campings dans Corte et autour de la ville. Le plus joliment situé est certainement le camping »Tuani« dans la Vallée de la Restonica directement en bordure de la rivière (20250 Corte, tél. 04 95 46 11 65, http://fr.camping.info), qui est bien ombragé en été et à environ 6 km de Corte. Le très beau camping »Alivetu« près de la gare de Corte, au tout début de la Vallée de la Restonica (20250 Corte, tél. 04 95 46 11 09, www.camping-alivetu.com) jouit d'une situation géographique plus centrale. Les magasins pour faire ses emplettes se trouvent à proximité immédiate. Autres campings plus rudimentaires : le »Camping U Sognu« (20250 Corte, tél. 04 95 46 09 07, http://fr.camping.info)) au pied de la vieille ville et »U Tavignano« dans la vallée du même nom. Il est également possible de passer la nuit sous un toit solide à Corte pour un prix très raisonnable. L'hôtel HR dans l'Allée du 9 Septembre (20250 Corte, tél. 04 95 45 11 11, www.hotel-hr.com) se trouve à proximité des deux vallées de la Restonica et du Tavignano. Il loue des chambres à plusieurs lits pour les familles ainsi que de petits appartements avec deux chambres séparées. L'établissement manque certes de confort et il est un peu vieux, mais il suffit amplement pour y passer la nuit. Mais le petit-déjeuner est toutefois très bon et son prix plus que raisonnable.

Les vieilles murailles de la citadelle n'ont pas l'air d'avoir vieilli depuis le Moyen Âge.

Puisque vous avez décidé de visiter une ville aujourd'hui, autant le faire à fond. Commençons par nous intéresser à l'offre culturelle de Corte qui se réduit en fait au Musée de la Corse, un musée d'ethnologie installé dans les murs de la citadelle. Vous y découvrez par le biais d'expositions l'évolution de l'île jusqu'à nos jours mais les objets que vous voyez dans ce musée suffisent à eux seuls pour apprendre comment vivaient les Corses, ce que les enfants trouvent toujours passionnants. La citadelle proprement dite est une place forte composée de remparts et de bâtiments militaires qui a été construite entre le 15ème et le 19ème siècle. Elle trône loin au-dessus de la vieille ville et il faut emprunter des ruelles et des escaliers étroits et escarpés pour y accéder. La citadelle abrite également l'office de tourisme.

Vous pouvez rejoindre le point central que constitue la citadelle soit à pied, soit en prenant l'amusant »Petit train« qui promène ses passagers en 30 à 45 mn dans la ville de Corte. Ce trajet en »train« est vraiment aventureux surtout lorsque l'engin

se faufile et serpente à travers les étroites ruelles. Le billet du »Petit train« (adultes 5 €, enfants 2 €, gratuit à partir du 3ème enfant) donne droit à une réduction de 50% sur le tarif du Musée de la Corse.

Si vous préférez circuler dans un »vrai train«, vous êtes ici au bon endroit. En effet, Corte est plus ou moins la principale station intermédiaire du trafic ferroviaire entre Bastia et Ajaccio. Des trains quittent quatre fois par jours – le matin et en fin de journée – la gare située dans le centre de la ville neuve dans les

MUSÉE DE LA CORSE

Horaires d'ouverture : Début novembre à fin mars tous les jours sauf dimanche, lundi et jours fériés 10–17h, début avril à mi-juin tous les jours sauf lundi 10–18h, mi-juin à mi-septembre tous les jours 10–20h et mi-septembre à fin octobre tous les jours sauf lundi 10–18h.

Tarifs : Adultes 5,30 €, gratuit pour les enfants jusqu'à 10 ans, adolescents 3 €. Le billet du musée comprend la visite de la citadelle.

BONJOUR LES ENFANTS

L'emblème de la ville de Corte est la magnifique citadelle. Cette place forte militaire qui trône majestueusement sur un promontoire rocheux a été construite en 1419 par un aventurier corse, Vincentello d'Istria. La partie la plus ancienne qui existe encore aujourd'hui est appelée le »Nid d'aigle«, un nom qui va comme un gant à la pointe Sud de l'éperon rocheux ! À l'origine, la citadelle abritait dans ses murs de petites maisons pour les habitants dont les pièces d'habitation ont été plus tard transformées en cellules de prison. Après la deuxième guerre mondiale, la citadelle accueille la légion étrangère jusqu'en 1982 puis l'édifice échoue à la ville.

deux directions. À Ponte Leccia (au Nord de Corte), une autre ligne prend le relais vers Calvi. Si vous choisissez de vous rendre à Corte par le train, vous constaterez non seulement que c'est une agréable manière de voyager mais que c'est aussi une expérience spectaculaire. Le train moderne serpente en effet loin au-dessus de gouffres et de canyons rocheux et vous offre des vues qui vous resteraient interdites si vous faisiez le trajet en voiture. Si vous êtes en vacances sur la côte Est ou la côte Ouest et que vous souhaitez passer une journée à Corte, alors mieux vaut prendre le train – cela en vaut la peine. Le billet pour le trajet de Bastia à Ajaccio via Corte coûte 20 euros. Pour en savoir plus, tapez www.train-corse.com.

Si vous restez ici une seule journée, ne manquez pas d'inscrire à votre programme le **point de vue »Belvédère«** qui, comme la citadelle, trône au-dessus de la vieille ville. Une étroite ruelle et un escalier raide et rocheux montent à la tour panoramique construite à flanc de montagne comme le donjon d'un château féodal. Depuis cette plateforme, vous avez un étonnant panorama sur Corte, les vallées de la Restonica et du Tavignano, rejointes ensuite par une troisième rivière, l'Orta, ainsi que sur les montagnes à l'horizon.

Maintenant que vous avez une vue d'ensemble des environs, vous pouvez faire une balade à travers les **vieux quartiers** au charme médiéval de la ville. Votre promenade vous mène dans d'étroites ruelles et de longs passages en escalier, chez un petit artisan, et le long des devantures de pâtisseries, de chocolateries et d'ateliers de potier.

Pour vous rafraîchir après cette visite, vous avez l'embarras du choix à Corte. Dans le Sud-Est de la vieille ville, sur la berge du Tavignano, vous avez une piscine à côté du stade et des courts de tennis. Si

La Place de Paoli au cœur de la vieille ville de Corte.

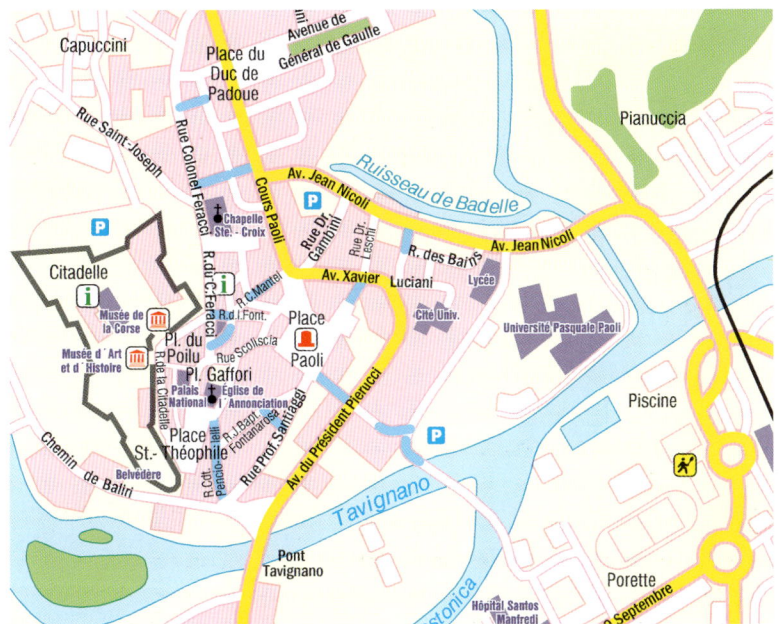

vous préférez un cadre plus naturel et moins ordinaire, alors baignez-vous dans la rivière. Nous vous conseillons le premier site de baignade dans la Vallée du Tavignano qui est peu connue des touristes et que fréquentent surtout les enfants et les jeunes du coin. Ce merveilleux petit endroit avec une vraie de plage couverte de sable fin se trouve tout près du pont en contrebas de la citadelle. L'eau ici est calme et comme elle est très profonde, vous pouvez nager sans problème.

A l'instar de la Vallée du Tavignano (cf. randonnée 35), la Vallée de la Restonica offre aussi de très beaux sites de baignade. Comme la route carrossable sinueuse et étroite y longe presque toujours la rivière, vous pouvez vous promener dans ce paysage enchanteur et descendre jusqu'au cours d'eau quand vous en avez envie. La partie basse de la vallée est encore couverte de bois très touf-fus ce qui est très agréable notamment les jours de grande chaleur. Un peu plus haut, des dalles rocheuses escarpées délimitent le canyon et créent de jolis bassins de baignade. Après la fonte des neiges, le niveau de la Restonica est très haut et il faut être très courageux pour faire fi de l'eau froide et piquer une tête de-dans ! La rivière charrie suffisamment d'eau en plein été aussi pour que vous puissiez vous rafraîchir comme il se doit en période estivale.

Il y a tant de choses à voir à Corte, mais si le côté sportif vous manque un peu, alors allez faire un peu de cheval au »**Centre équestre L'Albadu«**. Le centre se trouve à 1½ km de la ville et vous pouvez même y passer la nuit, soit sous la tente que vous avez emportée, soit dans l'une des chambres du club (Ancienne Route d'Ajaccio RN 193, tél. 04 95 46 24 55, pour en savoir plus tapez www.hebergement-albadu.fr).

35 # Rencontre entre montagne et vallée

Une aventure dans la Vallée du Tavignano   dès 6 ans

Le Tavignano est la deuxième rivière de Corse après le Golo. Il prend sa source dans le Lac de Nino à l'Ouest (randonnée 33) et se jette dans la Méditerranée près d'Aléria (randonnée 31) sur la côte Est. La Vallée du Tavignano au-dessus de Corte compte parmi les plus belles de l'île. Le plus important ici toutefois c'est que les voitures y sont interdites et qu'on ne peut donc s'y promener qu'à pied. Prévoyez donc avant de partir jusqu'où vous voulez aller dans le canyon car vous devez emprunter le même chemin au retour. La Passerelle de Rossolino à environ trois heures de marche est une très belle destination.

INFOS EN BREF

Départ : Parking au bout du Chemin de Baliri à Corte.
Arrivée : Suivre depuis le centre-ville de Corte la grand-route (D 39 et D 623) vers le Sud puis tourner avant le pont au-dessus du Tavignano à droite dans le Chemin de Baliri. Marcher depuis le parking vers la rivière jusqu'au point de départ de la randonnée (panneau »Vallée du Tavignano«).
Difficulté : Randonnée longue qui s'étire presque toujours sous le soleil, une bonne condition physique est nécessaire. Balisage orange.

Âge : À partir de 6 à 8 ans selon la distance.
Temps de marche : 6h.
Longueur : 12,3 km jusqu'à la Passerelle de Rossolino et retour.
Dénivelée : 420 m à la montée et à la descente.
Équipement : Chaussures de montagne et protection solaire, emporter beaucoup d'eau.
Restauration : Rien dans la vallée mais nombreux et jolis restaurants et bars dans les vieux quartiers à Corte.
Hébergement : Le camping »U Sognu« au pied de la vieille ville et le »U Tavignano« dans la vallée proprement dite (cf. p. 158).

Vue depuis la Vallée du Tavignano sur Corte et la Citadelle.

Un ancien sentier de berger longe la gorge dans la Vallée du Tavignano.

Le sentier de randonnée qui conduit vers la Vallée du Tavignano démarre en contrebas de la citadelle dans un **tournant** (1) et c'est à partir d'ici que les voitures n'ont plus le droit de circuler. Le panneau indiquant »Refuge de la Sega« montre la direction à suivre. Dès le départ, le sentier grimpe sur des dalles rocheuses escarpées puis il s'étire en une pente modérée mais en plein soleil. La rivière vous accompagne fidèlement à main gauche tandis que des montagnes de plus de 1000 m dressent leurs sommets de part et d'autre du chemin et entourent la gorge de rochers, teintant d'aventure la randonnée sur cet ancien sentier de berger à travers un paysage fascinant.

Les imposantes montagnes sont régulièrement entrecoupées de vallées latérales qui traversent le canyon du Nord au Sud. Peu après la première de ces petites vallées, vous pouvez vous reposer dans un très bel endroit près d'une **cabane en pierre** (2) directement en bordure du ruisseau Antia qui émerge également d'une petite vallée latérale. Juste avant d'y arriver ainsi qu'après d'ailleurs, de petits bosquets dis-

Passerelle de
Rossolino
(4)
760 m
(3) 738 m   (3)
738 m
Antia (2)
572 m
Antia (2)
572 m
Corte (I)
453 m
Corte (I)
453 m
800 m
600 m
12.3 km
0   1.40   2.30 3.15 4.00   4.30   6.00 h

pensent un peu d'ombre. Une fois à la cabane en pierre après 3,5 km de route, vous pouvez faire demi-tour notamment si vous avez de jeunes enfants avec vous. Tous ceux qui veulent continuer peuvent ici reprendre des forces car la suite du parcours est un peu plus fatigante. Après environ 1 km de route sur un terrain parfois escarpé, vous atteignez sur un **plateau rocheux** loin au-dessus de la rivière le point culminant de la randonnée. Juste après ce plateau, vous descendez (attention, dénivelée importante) vers le cours d'eau, large ici, qui coule lentement – avec de merveilleuses piscines naturelles et des marches depuis lesquelles vous pouvez plonger. En attendant, vous ne voyez rien de tout cela. Après un tournant brusque du sentier sur la droite, vous devez encore parcourir environ 300 m pour retrouver la rivière sur votre gauche. L'itinéraire normal ne descend pas toutefois directement jusqu'à la berge du cours d'eau. Si vous voulez vous baigner dans une **marmite de géant**, suivez donc ici (3) un sentier battu qui se détache du sentier de randonnée ou bien le lit asséché d'un ruisseau secondaire jusqu'au Tavignano. Ces superbes sites de baignade sont rejoints après environ 5 km puis il faut encore 1 km supplémentaire jusqu'au tournant de la randonnée. Vous vous approchez lentement de la rivière sur un sentier désormais plat avant d'arriver directement, après une dernière petite vallée latérale et un petit bois, à l'extravagante **Passerelle de Rosso-**

Baignade méritée après la longue marche !

Demi-tour à la passerelle en bois au-dessus du Tavignano.

lino (4) en bois qui enjambe le Tavignano. Vous pouvez descendre facilement jusqu'à la rivière une fois de l'autre côté et vous baigner dans l'eau fraîche pour vous détendre après cette longue marche. La forêt sur ce côté du ruisseau est plus touffue : profitez-en pour vous reposer à l'ombre. Après avoir repris des forces, reprenez le même chemin qui descend, avec quelques remontées toutefois, vers Corte.

36 ▶ Escalade dans la Vallée de la Restonica

En altitude sur la berge du Lac de Melo (1711 m) dès 6 ans

Que les choses soient claires dès le départ : le Lac de Melo est l'une des randonnées classiques de la Corse. Pour les familles avec des enfants qui aiment les passages rocheux et l'escalade, ce parcours est incontournable même si, en période estivale, il ressemble à une autoroute tant il y a du monde. Mieux vaut donc faire cette randonnée avant ou après la haute saison pour éviter aux enfants d'être bousculés par les autres randonneurs. Il peut arriver que l'une des deux ascensions possibles soit encore enneigée et donc infranchissable, mais ce peut-être également le cas en juin et juillet.

INFOS EN BREF

Départ : Bergerie de Grotelle, 1370 m, dans la Vallée de la Restonica.

Arrivée : Suivre depuis Corte la D 623 sur 15 km dans la Vallée de la Restonica jusqu'au parking au bout de la route.

Difficulté : Deux parcours mènent au Lac de Melo : celui dit »accès difficile« comporte des passages d'escalade ardus

(sécurisés) pour lesquels il vaut mieux être expérimenté. Les enfants doivent avoir le pied sûr et être en bonne forme physique. Celui dit »accès facile«, plus simple, est par endroits également escarpé et s'étire sur des dalles rocheuses mais il est moins difficile. Être toutefois prudent par temps de pluie sur les dalles glissantes. Les deux ascensions sont balisées en jaune.

Âge : À partir de 6 ans.

Temps de marche : 3h.

Longueur : 5,1 km.

Dénivelée : 380 m à la montée et à la descente.

Équipement : Chaussures de montagne, veste.

Restauration : Sur le trajet, la **Bergerie de Grotelle** (ouverte tous les jours 8h30–20h) et la **Bergerie de Melo** (ouverte juillet/août seulement). Au Pont de Tragone, juste avant le point de départ de la randonnée, le restaurant »**Chez César**«, ouvert tous les jours de 12 à 16h. Restaurants plus chics et très joliment situés en bordure de la rivière au début de la Vallée de la Restonica (en venant de Corte). Pizzeria toute simple au camping »**Tuani**«.

Hébergement : Le camping »**Tuani**« à 6 km environ de Corte dans un site idyllique et ombragé en bordure de la Restonica (cf. p. 158).

Une planche oscillante au-dessus d'un ruisseau.

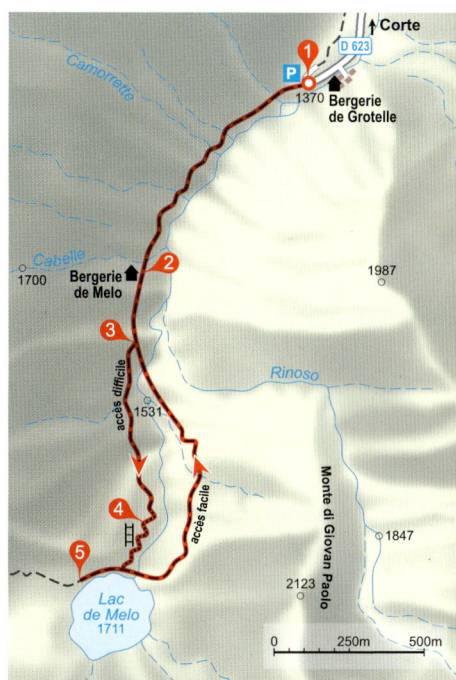

Ambiance alpine grâce aux vaches qui paissent tranquillement le long du chemin.

Le panneau d'information au point de départ de la randonnée près de la **Bergerie de Grotelle** (1) annonce qu'il faut une heure pour arriver au lac – cette affirmation est très optimiste et parfaitement irréaliste avec des enfants. Ceci dit, la durée de l'ascension n'a aucune importance – le plus important c'est de profiter de la randonnée proprement dite. Suivez donc le balisage jaune et dès le départ, vous empruntez des sentiers étroits et caillouteux à travers le lit asséché d'un ruisseau, au-dessus de cours d'eau »impétueux« ou de petites cascades qui peuvent être très grosses au moment de la fonte des neiges. Les cailloux qui sortent de l'eau sont souvent insuffisants pour traverser lorsque c'est le cas. Il faut alors parfois emprunter une étroite planche oscillante pour traverser un ruisseau lorsqu'il dévale avec trop d'impétuosité vers la vallée.

Ce sentier rocailleux et plein d'agréments arrive enfin à la **Bergerie de** Melo (2). On a l'impression en découvrant cette bergerie singulière que des extra-terrestres viennent d'y atterrir, une impression encore renforcée hors saison lorsque la berge-

La partie la plus attrayante de la randonnée pour les enfants est le passage d'escalade sur l'itinéraire dit »accès difficile«.

rie est fermée et qu'elle gît dans le décor, mystérieusement abandonnée. En juillet et août en revanche, elle est ouverte et on peut y acheter du lait et du fromage.

Juste après la bergerie, suivez à gauche à l'**embranchement** (3) près d'un tas de cailloux en direction de la rivière l'itinéraire dit »**accès facile**«, ce qui ne signifie pas pour autant qu'il s'agit ici d'une simple promenade. Le terrain est en effet escarpé et il faut passer parfois par des dalles rocheuses. Il est fréquent que cette ascension soit toutefois impossible au début de l'été

car le versant est encore enneigé.

Continuez tout droit au tas de cailloux sur l'itinéraire dit »**accès difficile**«. Il ne faut pas attendre longtemps pour qu'il fasse honneur à son nom. Après un passage modéré, vous arrivez à l'arête rocheuse du versant montagneux à l'assaut duquel vous vous lancez dans l'instant. Vous montez par endroits sur de grandes dalles rocheuses ou sur des éboulis, parfois à quatre pattes et accroché à des chaînes pour franchir des blocs granitiques. Continuez à suivre les repères jaunes à cause des dispositifs de sécurité dans les passages d'escalade et ne cherchez pas un autre chemin. Une petite pierre commémorative avec une inscription à l'ombre d'un rocher vous indique que vous êtes à mi-parcours de l'ascension.

Lac de Melo (5)
(4) 1711 m
Bergerie de Melo (2)
1520 m
Bergerie de Melo (2)
1520 m
Bergerie de Grottelle (I)
1370 m
1600 m
Bergerie de Grottelle (I)
1400 m
5.1 km
0   0.45 1.40 1.50   2.30 3.00 h

BONJOUR LES ENFANTS

Le Lac de Melo est un lac de montagne idyllique au bout de la Vallée de la Restonica à 1711 m d'altitude. Il n'a pas l'air vraiment immense, mais il a une superficie de 6,2 hectares et s'enfonce jusqu'à 15 m de profondeur, ce qui fait de lui – en dépit des apparences – l'un des plus grands lacs de l'île. Il alimente avec le Lac de Capitello légèrement en contre-haut le ruisseau de la Restonica que vous avez longé à travers la vallée du même nom jusqu'au parking de la bergerie.

Immédiatement avant d'arriver à l'arête rocheuse supérieure, vous pouvez utiliser des **échelles** (4) qui ont été taillées dans la roche en deux endroits particuliers. Soyez très prudents car elles sont très raides et les barreaux très glissants. Ceci fait, vous êtes presqu'au but et il vous suffit maintenant d'escalader et de marcher encore un moment pour rejoindre la crête depuis laquelle vous apercevez déjà le lac de montagne qui scintille comme de l'argent.

Le **Lac de Melo** (5) est l'endroit idéal pour faire une longue halte. La neige sur le versant montagneux derrière le plan d'eau offre un spectacle inhabituel, en été ou au début de l'été – et vous devinez déjà que l'eau du Lac de Melo est glaciale, ce que vous ne tardez pas à constater. Qui, des aventuriers en herbe, va quand même oser sauter dans l'eau froide du lac de montagne ?

Pour le retour, vous pouvez maintenant faire le grand tour. Si vous êtes arrivé par la montée difficile en escaladant, vous pouvez repartir en prenant l'itinéraire facile qui est aussi, il faut le dire, nettement plus agréable à descendre que le premier. Si le versant de l'itinéraire facile est encore enneigé au début de l'été, vous pouvez descendre en empruntant l'accès difficile. Une fois en bas, profitez de la promenade au milieu des vaches qui paissent tranquillement. Peut-être aurez-vous la chance de rencontre un âne ou quelques chèvres. Quant aux enfants, ils ont ici un peu l'impression en voyant la vallée d'être Heidi et Peter lorsqu'ils gardent les chèvres sur les pâturages !

Au but ! Le Lac de Melo en montagne et ses eaux glaciales.

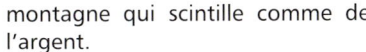

37 # En avant pour les jeux aquatiques !

Les Cascades des Anglais dans la Forêt de Vizzavona   dès 6 ans

Si vous arrivez à Vizzavona en train, alors vous avez déjà vécu quelques moments rocambolesques, car celui-ci suit un parcours surréel à travers un paysage époustouflant et surprenant jalonné de hauts ponts et de passages très sinueux jusqu'au point de départ de la randonnée qui vous mène aux merveilleuses piscines naturelles et chutes d'eau de la rivière Agnone. Le contraste entre le train ultramoderne et le décor sauvage et primitif qu'il traverse ne saurait être plus frappant !

La randonnée le long de la rivière et des cascades sauvages avec des passages d'escalade sur des dalles rocheuses et de magnifiques bois est aussi pleine d'agréments comme de mystérieuses ruines à explorer et de nombreux et merveilleux sites de baignade.

INFOS EN BREF

Départ : Gare de Vizzavona.

Arrivée : Suivre en voiture la N 193 entre Corte et Ajaccio vers le Col de Vizzavona et jusqu'à la gare de Vizzavona où se trouvent des places de stationnement ainsi qu'une carte de randonnée jusqu'aux Cascades des Anglais. Le point de départ peut être aussi facilement rejoint en train en empruntant la ligne Corte – Ajaccio. Taper www.train-corse.com et cliquer sur »Consultez les horaires« pour en savoir plus.

Difficulté : Randonnée simple au départ puis longs passages d'escalade escarpés sur des dalles rocheuses et parfois à l'écart du sentier. Un pied sûr et une bonne condition physique sont donc indispensables. La randonnée est balisée en rouge-blanc (GR 20 par endroits) puis en jaune.

Âge : À partir de 8 ans.

Temps de marche : 5h.

Longueur : 12,9 km.

Dénivelée : 770 m à la montée et à la descente.

Équipement : Chaussures de montagne et maillot de bain.

Restauration : Kiosque à la première cascade mais il n'est ouvert malheureusement qu'en été. En cours de route, le restaurant »La Muntagna« à quelques mètres du sentier en bordure de la N 193. Le restaurant »Chef de Gare« à la gare de Vizzavona est idéal pour les enfants parce qu'il propose plusieurs menus enfant. Il sert des plats corses, délicieux et à un prix défiant toute concurrence.

Hébergement : Le Refuge de la Gare (tél. 04 95 47 22 20 ou 06 09 76 75 05) à la gare de Vizzavona. Sinon, le joli camping »Aire Naturelle Le Soleil« à Tattone, à tout juste 4 km de la gare de Vizzavona (20219 Tattone, tél. 04 95 47 21 16).

Première halte rafraîchissante au soleil près du kiosque.

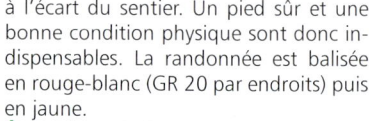

Votre longue marche commence à la gare de **Vizzavona** (1) près de la carte de randonnée où vous démarrez en empruntant le GR 20 sur une route goudronnée qui passe devant les ruines inquiétantes d'une **demeure** (2) qui a dû être seigneuriale autrefois. Croyez-vous qu'elle soit hantée ? Restez sur le GR 20, continuez jusqu'à la **Casa Natura** puis obliquez vers la forêt.

La randonnée se poursuit sur un large chemin forestier à travers une hêtraie ombragée le long du Fulminato (pensez à cet itinéraire le jours de grande chaleur !). Vous franchissez par des ponts en bois romantiques d'abord le Fulminato puis l'Agnone avant de bifurquer enfin à gauche dans l'ancienne piste forestière. Le chemin que vous suivez n'a toujours rien d'extraordinaire mais il est tranquille, même si les randonneurs sont parfois nombreux ici. Vous cheminez maintenant tout contre la rivière et vous pouvez franchir certains passages en passant par les rochers dans le cours d'eau avant d'arriver finalement après un

Les premiers passages d'escalade après le large chemin forestier.

sentier de plus en plus étroit à un autre pont sous lequel dévale l'Agnone écumante. C'est ici que commencent les **Cascades des Anglais** (3) qui regroupent dans la suite du parcours environ une vingtaine de sites de baignade dans des bassins rocheux et des cascades.

BONJOUR LES ENFANTS

Le paysage naturel que vous découvrez ici dans la forêt de Vizzavona avec cette succession de bassins de baignade est exceptionnel en Corse. Sans oublier la magie fascinante exercée par le jeu subtil entre la forêt et les cascades. Vous ne serez donc pas surpris d'apprendre que les curistes n'hésitaient pas autrefois à s'aventurer en calèche dans cette forêt pour se baigner dans les vasques de la rivière. En 1888, cet engouement est toutefois quelque peu jugulé lorsqu'après dix ans de travaux, les trains circulent enfin entre Corte et Ajaccio. La ligne de chemin de fer est ensuite peu à peu rallongée à travers l'île pour relier enfin Ajaccio à Bastia. La région autour de Vizzavona au cœur de l'île, à plus de 900 m d'altitude, est l'un des tronçons les plus impressionnants de cet itinéraire avec un tunnel de presque 4 km de long et le pont vertigineux qui enjambe la vallée juste après la gare de Vizzavona.

Place aux chèvres après la première cascade mugissante !

L'eau cristalline est séduisante mais prudence – elle est glaciale. Le **kiosque** situé tout près du premier emplacement de baignade près du pont est ouvert à partir de début juin. Après une halte baignade, repartez vers l'amont sur la berge Sud de la rivière en passant devant une succession de bassins de baignade jusqu'à que vous arriviez en haut à l'imposante cascade. Après une courte »douche« dans la brume de cette chute d'eau mugissante, éloi-gnez-vous de la rivière et montez à gauche de la cascade sur des dalles de pierre et des blocs de rocher. Cette voie que vous avez choisie n'est pas balisée au départ. Il vous faut chercher un passage et vous orienter tout en escaladant pour monter.

Vous arrivez enfin sur **plateau** boisé où vous continuez sur un terrain plat pour commencer mais rocheux. Vous retrouvez bientôt le balisage rouge-blanc qui va bien vous guider maintenant. Vous attaquez bientôt une montée raide sur des sentiers rocheux jusqu'à de nouvelles dalles rocheuses qu'il vous faut franchir. Une fois en haut sur le **plateau**, vous voyez à nouveau l'Agnone loin au-dessous de vous. On pourrait descendre et prendre un dernier bain mais on peut aussi faire encore 500 m pour rejoindre la rivière près de la petite **Passerelle Tortetto** (4) avant de redescendre par le même chemin. Restez cette fois-ci sur le sentier balisé en rouge-blanc jusqu'à une bifurcation au-dessus de la cascade mugissante. Suivez à partir d'ici le balisage indiqué par un »trait jaune« (»point jaune« plus tard) sur un sentier forestier extrêmement étroit qui fait à son tour partie du GR 20. Vous apercevez soudain, comme surgissant de nulle part côté droit, les ruines d'un ancien **fort** (5). Les tours encore existantes se dressent comme des fantômes vers le ciel bleu au milieu d'un champ. Sinon, il ne reste du fort que

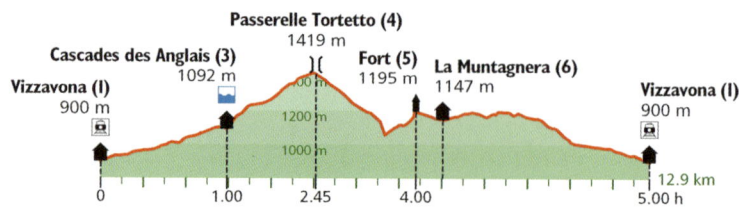

quelques vestiges envahis par la végétation des murs de fondation – mais ils sont toutefois suffisamment intéressants pour mériter un examen plus poussé …

Après les ruines, prenez un étroit sentier le long du col montagneux puis suivez un sentier battu qui descend jusqu'à la route menant au Col de Vizzavona. Vous voyez d'ici en bordure de route le restaurant »La Muntagnera« (6). Faites quelques mètres sur la chaussée puis (avant d'arriver au restaurant) prenez à droite une route asphaltée qui dé-

bouche sur un chemin forestier très escarpé. Suivez enfin le panneau »Gare Vizzavona« à une bifurcation vers la droite jusqu'à la route du col. Continuez sur la route, traversez un pont et descendez à gauche avant d'entrer dans un joli bois avec une exposition. Arrêtez-vous et prenez le temps de regarder les illustrations très ressemblantes. Les poteaux indiquant »Gare« vous ramènent enfin à la gare où, bien épuisés par cette randonnée, vous reprenez des forces en mangeant au »Chef de Gare«.

Les enfants adorent explorer les ruines, ici, le vieux fort.

38 Promenade vers une ruine hantée

Circuit de l'»U Casteddu« au-dessus de Vero   dès 3 ans

Les randonneurs en herbe sont motivés par leur destination du jour : le château en ruines qu'ils voient de loin pointer vers le ciel. Et ce, d'autant plus que la ruine de l'U Casteddu qui trône sur un petit sommet semble très mystérieuse. Des choses étranges s'y passent-elles peut-être ?

Le mystérieux »U Casteddu« au-dessus de la Vallée de la Gravona.

INFOS EN BREF

Départ : »Fontaine de Vazzalina« à Vero.

Arrivée : Prendre la N 193 direction Corte puis tourner juste avant la cité des tortues (panneau) à gauche dans une route de montagne très sinueuse en direction de Vero. Monter pendant environ 4 km sur cette route vers Vero puis tourner à gauche à l'entrée du village dans l'ancienne rue principale au-dessus. La »Fontaine de Vazzalina« se trouve à droite 200 m après la mairie.

Difficulté : Randonnée simple avec des montées le long de l'itinéraire 1 balisé en jaune.

Âge : À partir de 3 ans.

Temps de marche : 1h30.

Longueur : 2,3 km.

Dénivelée : 150 m à la montée et à la descente.

Équipement : Chaussures de randonnée et maillot de bain.

Restauration : Auberges dans le très joli village de Vero.

Hébergement : Le petit camping »Les Eaux Vives« (20133 Vero, tél. 04 95 52 81 09) dans le village de Vero. Il possède un restaurant, un petit magasin d'alimentation, une pataugeoire pour les enfants et un terrain de jeux. Location de chalets possible.

Depuis l'embranchement de la route de montagne vers Vero, il faut encore parcourir 20 km environ (direction Corte) jusqu'au camping »Aire Naturelle Le Soleil« à Tattone (cf. p. 170). Le camping »Les Couchants« (20111 Casaglione, tél. 04 95 52 26 60, www.camping-lescouchants.fr) sur la côte Ouest entre Ajaccio et Sagone sur la D 25 au Nord de Tiuccia. Camping pour tentes, camping-cars ou location de chalets.

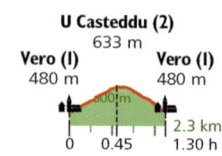

IDÉE DE BAIGNADE

Vous pouvez prendre après la randonnée la N 193 direction Ajaccio jusqu'à la bifurcation vers Carbuccia pour rejoindre le Pont de Carbuccia qui enjambe la Gravona. Garez-vous sur le bas-côté avant d'arriver au pont puis suivez devant à droite un sentier qui descend à la rivière jusqu'à un amoncellement de gros rochers en bordure d'une merveilleuse lagune. Une belle et large plage de sable est le couronnement de ce site de baignade. Vous pouvez ici jouer dans le sable ou vous baigner car l'eau est chaude et le courant quasiment inexistant à cause des gros rochers. Bien que la rivière soit bien profonde au milieu, l'accès à l'eau se fait en pente douce, ce qui fait de cet endroit un site de baignade idéal même pour les jeunes enfants. Quant aux plus grands, ils n'hésitent en général pas à se jeter depuis les rochers dans l'eau profonde ! Et généralement, il n'y a personne d'autre sur cette plage.

Le sentier ombragé débute à la »Fontaine de Vazzalina« où vous vous garez également (1). Il vous conduit à travers de petits canyons, se faufile entre des rochers et s'étire le long de jardins, de bassins de baignade, de petites sources et de fontaines. Vous découvrez également en cours de route un ancien lavoir et un four à pain antique – que vous examinez de près bien entendu.
Vous voyez enfin briller le porphyre rouge de votre destination, la ruine de l'»U Casteddu« (2), qui se dresse majestueusement à 600 m d'altitude, ce qui explique pourquoi elle offre un panorama si merveilleux sur toute la vallée.
Laissez derrière vous au retour cette ruine fantomatique et suivez maintenant le sentier à mi-gauche. Le sentier n° 1 étant un circuit, commencez par décrire un large coude vers le Nord avant de boucler la boucle à la »Fontaine de Vazzalina«. Vous pouvez bien sûr emprunter également le chemin pris à l'aller.

Site de baignade sur la Gravona : une plage idyllique dans les terres !

39 | En visite chez les habitants à carapace

La cité des tortues »A Cupulatta«   dès 2 ans

Le parc »A Cupulatta« se situe dans les terres en bordure de la N 193 entre Corte et Ajaccio. Peuplé de pas moins de 150 espèces différentes, c'est le plus grand parc de tortues de toute la Corse et même de toute l'Europe. On y trouve quelques exemplaires exotiques comme par exemple des tortues géantes des Îles Galapagos et des Seychelles. Le parc est fier de posséder son propre centre d'élevage dans lequel les visiteurs peuvent observer de très près des tortues de quelques jours seulement bien au chaud sous des lampes chauffantes dans un bac en verre.

INFOS EN BREF

Arrivée : Le parc »A Cupulatta« est directement en bordure de la N 193 entre Ajaccio et Corte, à 20 km tout juste d'Ajaccio, près de Vero dans la Vallée de la Gravona.

Horaires d'ouverture : 1er avril au 15 mai et 16 septembre au 31 octobre tous les jours 10–17h30, 16 mai au 15 septembre tous les jours 9–19h. Novembre à mars, infos au 06 10 30 25 63.

Tarifs : Adultes 9,50 €, enfants (4 à 11 ans) 5,50 €.

Âge : À partir de 2 ans.

Durée de la visite : Environ 2h.

À savoir : Panneaux d'information.

Restauration : Kiosque à l'entrée du parc avec vente de glaces, de snacks et de boissons.

Hébergement : Le camping »Aire Naturelle Le Soleil« à Tattone (à 25 km direction Corte ; cf. p. 170) et le **camping** »Les Couchants« sur la côte Ouest entre Sagone et Ajaccio (cf. p. 174).

La cité des tortues est aménagée en **circuit** avec des passages ombragés et d'autres exposés au soleil. Les animaux vivent dans de jolis enclos entourés de murettes en pierres ou de clôtures basses, ce qui permet également aux tout-petits de ne rien rater de ce qu'y passe.

Vous vous rendez donc rapidement compte que l'imposante »tortue d'Hermann occidentale« est une espèce qui joue sur cette île un rôle important. Vous apprenez bien vite que ces animaux à la carapace brune et jaune vivent aux Baléares, en Espagne et dans le Sud-Est de la

La tortue en tissu n'a aucune chance de l'emporter contre les tortues géantes !

France mais ici aussi bien sûr, en Corse.

Le circuit vous mène à de nombreux enclos avec de petites tortues mais juste avant de franchir le ruisseau, vous tombez sur les tortues géantes des Seychelles qui peuvent peser jusqu'à 300 kg. Elles se déplacent très, très lentement et on a plus d'une fois l'impression qu'elles vont s'écrouler sous l'effort. Immédiatement après cette attraction, vous arrivez au centre d'élevage avec des tortues minuscules ainsi que des œufs fraîchement pondus. Difficile d'imaginer que ces animaux pas plus grands que l'ongle du pouce seront un jour de vraies tortues.

Le circuit continue et vous fait découvrir des exemplaires de plus en plus exotiques comme l'attraction suivante, la tortue alligator. Ces tortues ont vraiment un air terrifiant avec leur carapace à crêtes et leur regard effrayant. Avec un peu de chance, on peut assister à une séance de nettoyage et on voit alors comment ces animaux extraordinaires sont frottés et astiqués de fond en comble. Par contre, la tor-

Un parc sympathique et aménagé avec soin.

tue alligator n'a pas trop l'air d'apprécier le lavage au tuyau d'arrosage.

La visite s'achève après quelques bassins peuplés de tortues aquatiques.

BONJOUR LES ENFANTS

Saviez-vous que les tortues ont la même réputation que les grenouilles et qu'elles peuvent prédire le temps ? Voilà comment cela fonctionne : leur température corporelle s'adapte à la température ambiante. Les tortues ne peuvent ni produire une chaleur corporelle propre, ni l'évacuer lorsqu'elles ont trop chaud. Ainsi, s'il fait beau et chaud, les tortues sont très actives car les rayons du soleil réchauffent ces reptiles et aspirent toute l'énergie. Mais cela peut être dangereux. En effet, si les tortues restent trop longtemps au soleil, la température de leur corps monte sans discontinuer et elles doivent alors se réfugier à l'ombre. S'il fait beau mais froid, elles sont plutôt apathiques et peuvent à peine se déplacer. Et quand il pleut ou qu'il fait froid, inutile d'aller au parc pour les voir car elles préfèrent se terrer ces jours-là !

40 D'arbre en arbre

Parcs accro-branches près de Vero et Vizzavona

a) Parcours Aventure de Vero   dès 3 ans

INFOS EN BREF

Arrivée : Prendre la N 193 à Ajaccio direction Corte puis suivre près de Suaricchio une petite route à gauche vers Vero (gros panneaux à l'embranchement indiquant le Parcours Aventure). Parcourir 3 km jusqu'à Vero puis continuer encore 3 km et monter jusqu'au parc.

Difficulté : Insensibilité au vertige et une assez bonne condition physique.

Âge : À partir de 3 ans. Les jeunes enfants doivent être accompagnés d'un adulte.

Équipement : Chaussures solides. Équipement individuel fourni.

Horaires d'ouverture : Durant les vacances de Pâques corses tous les jours 10–18h, début mai à mi-juin samedi, dimanche et jours fériés 10–18h, mi-juin à début septembre tous les jours 10–19h (plus le mercredi soir), début septembre à fin octobre dimanche 10–18h et pendant les vacances de la Toussaint tous les jours 10–17h.

Tarifs : Adultes (à partir de 1,50 m) 20 € (4h maximum), enfants (à partir de 1,35 m) 16 € (4h maximum), enfants (à partir de 1,20 m) 13 € (3h maximum), enfants (moins de 1,20 m) 10 € (2h maximum).

Durée de la visite : 2 à 4h.

Restauration : Snacks et boissons à la caisse du parc.

Hébergement : Cf. p. 174.

Douze stations et parcours variés et pleins d'imagination ont été aménagés au milieu d'une pinède au-dessus du petit village de montagne de Vero. Les grimpeurs trouvent ici, en fonction de leur âge, le niveau de difficulté qui leur convient ; les enfants à partir de trois ans sont aussi les bienvenus. Quel que soit l'âge, une brève initiation est dispensée à tous les acrobates des airs qui ont décidé de se balancer d'un arbre à l'autre. Ceci fait, l'aventure peut commencer. Équipés d'un casque et d'un harnais, vous prenez d'assaut la première échelle. Vous pouvez vous déplacer de station en station au moyen de lianes comme Tarzan ou rejoindre le parcours suivant par de très étroites passerelles installées à une hauteur vertigineuse. Vous devez venir ici à bout de ponts branlants et de descentes fulgurantes et ne pas oublier, lors de tous ces exercices acrobatiques, de toujours vous sécuriser en accrochant les mousquetons aux câbles de sécurité qui sont prévus au-dessus de tous les parcours.

b) Parc Aventure Vizzavona   dès 4 ans

Arrivée : Le parc accro-branches se situe directement en bordure de la N 193 qui relie Ajaccio à Corte, 9 km après le village de Bocognano dans un bois à gauche de la route.
Difficulté : Insensibilité au vertige et une assez bonne condition physique.
Âge : À partir de 4 ans et de 1 m. Les enfants de moins de 16 ans doivent être accompagnés d'un adulte.
Équipement : Chaussures solides. Équipement individuel fourni.
Horaires d'ouverture : 15 juin au 15 septembre tous les jours 10–19h. En basse saison, sur réservation à partir de huit personnes (sur place ou au 04 95 10 83 16).
Tarifs : Adultes 20 €, enfants de 7 à 15 ans 17 €, enfants de 4 à 6 ans 15 €.
Durée de la visite : 2 à 4h.
Restauration : Restaurants et cafés accueillants à Bocognano juste en bordure de la route qui traverse la localité.
Hébergement : Le camping »Aire Naturelle Le Soleil« à Tattone (cf. p. 170) direction Corte. Le camping »Adumbratu« près de Bocognano est simple et joliment situé dans une forêt avec une table de ping-pong et un terrain de volley-ball (tél. 04 95 52 88 39, http://adumbratu.com).

Mieux vaut que les enfants soient un peu plus âgés que pour le parc accro-branches au-dessus de Vero pour se lancer dans ce parcours aventure en forêt, car il est bien plus impressionnant. En effet, les ponts accrochés au moyen de câbles métalliques et les passerelles branlantes enjambent de très profonds canyons et il faut parfois grimper jusqu'à 25 m de haut. Il ne faut pas sous-estimer surtout les descentes fulgurantes en tyrolienne : bien arrimé dans un baudrier et accroché au moyen de cordes de sécurité sur le câble au-dessus de votre tête, laissez-vous tout simplement »tomber« et flotter sur une centaine de mètres jusqu'à la plateforme suivante. Pourquoi ne pas faire comme le célèbre Seigneur de la Jungle Tarzan et franchir les 15 m qui vous séparent de l'arbre suivant en vous balançant au bout d'une liane ?
Avant de vous lancer à l'assaut des arbres de la Forêt de Vizzanova avec un casque et un baudrier, écoutez bien les instructions qui vous sont données. Au total, 12 parcours avec 5 niveaux de difficulté indiqués par des couleurs différentes sont à votre disposition ; un parcours spécial a été aussi aménagé pour les plus jeunes. Les filets installés sous l'ensemble des stations et des parcours vous donnent un sentiment de sécurité.

On s'équipe comme un professionnel avant de se lancer à l'assaut de la belle forêt de Vizzanova.

Index

A

Agnone 171
Ajaccio 23, 66, 67, 70, 71, 94
Aléria 21, 24, 25, 149, 150
Algajola 33
Anse de Canella 149
Anse de Favone 149
Anse des Génois 111
Aquarium (Bonifacio) 115, 117
Aquarium de la Poudrière (Porto) 73
Arraggio 126
Asco 46, 47, 48
Azzana 91

B

Balagne 32, 40
Bergerie de Colga 157
Bergerie de Grotelle 166, 167
Bergerie de Melo 166, 167
Bergerie de Tassineta 50
Bocca â Stazzona 157
Bocca di a Battaglia 40, 42
Bocca di Croce d'Olu 42
Bonifacio 102, 106, 107, 112, 114
Bucatoggio, marmite de géant 152, 154

C

Calanche 66, 67, 75, 76, 79, 80
Calvi 32, 33, 52, 56, 64
Camping 10, 19
Campomoro 26, 105
Capo di Feno 71
Cargèse 26, 69, 86
Cascade de l'Ancone 91

Cascades des Anglais 147, 170, 171
Castagniccia 146
Castellu d'Araghju 103, 126, 127, 128
Castellu di Capula 118, 121
Castellu di Cucuruzzu 103, 118, 119, 120
Cavu 142
Centre équestre »A Cavallu« 56
Centre Équestre Ajaccio Équitation 97
Centre équestre L'Albadu 161
Château Fort 80, 81
Chenilles processionnaires du pin 28
Chez Félix, gîte d'étape 82, 85
Christophe Colomb 54
Cimetière Marin (Bonifacio) 117
Citadelle (Bonifacio) 114, 115
Citadelle (Calvi) 53
Citadelle (Corte) 159
Cité des tortues »A Cupulatta« 147, 176
Col de Bavella 134, 135
Col de Mela 144
Corte 22, 23, 147, 158, 162, 165
Costa Serena 148, 149
Costa Verde 148
Crête des Terrasses 134, 136
Cruzzini 91

D

Dame de Bonifacio 21, 121

E

Emblème corse 20

Escalier du Roi d'Aragon 114
Étang de Diana 151
Étang d'Urbino 151
Evisa 75, 82, 83
Excursion en canoë Vallée du Fango 62

F

Fango 35, 61
Faune 28
Ferme équestre »Le Ranch« 92
Ferry (liaisons) 17
Figarella 57, 58, 60
Filitosa 102
Fiumicelli 138
Fontaine de Vazzalina 174, 175
Forêt 143
Forêt d'Aitone 75
Forêt de Bonifatu 32, 33, 55, 58
Forêt de l'Ospédale 144
Forêt de Vizzavona 170
Fort de Matra 150

G

Galéria 62, 66
Ghiatone 71
Ghisonnacia 149
Girolata 66, 68
Gîte d'étape 10
Gîtes d'étape 19
Gîtes ruraux 19
Golfe d'Ajaccio 70
Golfe de Galéria 35, 68
Golfe de Girolata 68
Golfe de Porto 68
Golfe de Porto-Vecchio 104
Golfe de Sagone 69
Golfe de Valinco 104, 108

Golfe de Ventilegne 106

Gorges de la Spelunca 67, 75, 82

Grotte des Vieux-Marins 54

H

Histoire corse 21

I

Île de Pinarellu 107, 129, 130, 131

Îles de Lavezzi 102, 117

Îles Sanguinaires 97, 98, 99

Îlot Roscana 131

K

Kiosque »Les Roches Bleues« 76, 79

L

Lac de Melo 166, 169

Lac de Nino 28, 155, 156

L'âge de pierre 21

La Muntagnera, restaurant 173

La Scandola 54, 66, 73, 74

Le Ruppione 71

Les Torréens 127

Levie 118, 121

Liamone 90

L'Île Rousse 32, 33, 36, 39

L'Île Rousse Plage 34

Locations de vacances 19

M

Maison Bonaparte 96

Maison du Mouflon 48, 49

Maison Forestière de Bonifatu 58

Maison forestière de Poppaghia 155

Monte Tolu 32, 40, 43

Moriani-Plage 148

Muna 91

Murzo 91

Musée »A Bandera« (Ajaccio) 96

Musée d'Archéologie Jérôme-Carcopino 150

Musée de la Corse 159

Musée Maison natale de Pasquale Paoli 23

Musées 14

N

Napoléon Bonaparte 23, 94

Notre Dame de la Serra 55

O

Olmeto Plage 104

Ota 75, 85

P

Paoli, Pascal 20, 22, 23, 39, 94, 158

Parc accro-branches 11, 13, 64, 142

Parc aquatique »Aqua Cyrne Gliss« 100

Parc Aventure XTREM Sud 143

Parc de Loisirs Asco Vallée Aventure 65

Parc de Saleccia 39

Parcours Aventure A Tyroliana 142

Parcours Aventure de Calvi 64

Parcours Aventure de la Solenzara 145

Passerelle de Rossolino 162, 164

Passerelle Tortetto 172

Période romaine 21, 24

Phare de Piétra (L'Île Rousse) 37

Piana 68

Piantarella 25

Pigna 32

Pinarellu 129, 131

Piscine Naturelle d'Aitone 75

Plage Arinella 35

Plage Bodri 34

Plage Calvi 35

Plage d'Agosta 71

Plage d'Algajola 34

Plage d'Argentella 33, 55

Plage d'Arone 68

Plage de Baraci 104

Plage de Bussaglia 68

Plage de Campomoro 105

Plage de Chiuni 69

Plage de Cupabia 104

Plage de Fautea 133

Plage de Ficajola 68

Plage de Grand Capo 71

Plage de la Rondinara 107

Plage de Liamone 70

Plage de Lozari 34

Plage de Padulone 149, 151

Plage de Palombaggia 103, 104, 107

Plage de Peru 69

Plage de Piantarella 106

Plage de Pinarellu 107

Plage de Porticcio 71

Plage de Portigliolo 104

Plage de Porto 68

Plage de Porto Pollo 104

Plage d'Erbaju 106

Plage de Roccapina 106

Plage de Sagone 70

Plage de Saint François 71

Plage de Santa Giulia 103, 104, 107

Plage de Stagnoli 69

Plage de Tonnara 106

Plage de Verghia 71
Plage d'Ostriconi 34
Plage du Fango 35
Plage du Ruppione 71
Plage du Santana 70
Plage Quercioni 149
Pointe de la Parata
    71, 98
Pont de Belfiori 90
Pont de Fiumicelli
    138, 139
Pont de Silvani 90
Pont de Tuarelli 63
Pont de Zaglia 83
Ponte Vecchio (Gorges
    de la Spelunca) 85
Ponte Vecchio, pizzeria
    61, 62
Pont Génois (Vallée
    d'Asco) 46
Porticcio 71
Porto 26, 66, 67, 68,
    72
Porto Pollo 104
Porto-Vecchio 102,
    107, 122, 125
Pouvoir génois 22, 26
Pouvoir pisan 22
Propriano 104, 105
Punta di a Vacca Morta
    144
Punta d'Omigna 86

R
Randonnées 8, 11, 14
Randonnées de mar-
    mites de géant 11
Roccapina 105, 106
Rosazia 91
Ruisseau de Melaghia
    60

S
Sagone 66, 70, 92
Salice 91
Salon Napoléonien
    (Ajaccio) 96
Sangliers 28
Santa-Lucia-de-Moriani
    148

Sant' Antonio 32
Sentier de Découverte
    Tizzarella 45
Solenzara 136, 138,
    145, 148, 149
Sortie à cheval 11, 13
Speloncato 42

T
Tagliu Rossu 142
Tarco 149
Tête du Chien 80
Théâtre l'Aghja
    (Ajaccio) 97
Tizzano 105
Torre 103
Tour de Campomoro
    26, 110
Tour de Fautea 132
Tour de la Parata 26,
    98, 99
Tour de Porto 73
Tour d'Omigna 86,
    88
Tour génoise 26
Train (trajet) 18, 171
Trajet des cars 17
Tramway de Balagne
    39
Trou de la Bombe 134,
    137

U
U Casteddu 174, 175

V
Vallée d'Asco 44, 48,
    64, 65
Vallée de la Gravona
    175, 176
Vallée de la Restonica
    147, 161, 166
Vallée de l'Asco 32
Vallée de la Tassineta
    48, 50
Vallée du Fango 32,
    61, 62
Vallée du Tavignano
    147, 161, 162, 163
Vero 174
Vico 90

Village des Tortues
    (Vallée d'Asco) 44
Village de vacances 10
Visites de villes 14
Vizzavona 170, 171
Vols 16s

Mentions légales

Photos de couverture :
En haut : Dans la mer près de Ste-Lucie-de-Porto-Vecchio.
Au milieu : Joies de la baignade et randonnée vers le Monte Tolu (itin. 2).
En bas : Le Trou de la Bombe dans le Massif de Bavella (itin. 28) et promenade
en kayak sur la Plage de Pinarello (itin. 26).
Photo page 1 : Vol au-dessus des calanches (itin. 12).
Photo page 2 : Sur l'»Ancien Chemin« (itin. 12).
Photo pages 30/31 : Les mystérieuses Îles Sanguinaires (itin. 19).
Photo quatrième de couverture : Tour Génoise sur la Punta d'Omigna (itin. 15).

Toutes les photos ont été prises par l'auteur sauf celles aux pages 11, 18, 148,
155, 156, 162, 163, 164, 165 (Matthias Kautt) et 115 en bas (Robin Landwehr).

L'auteur :
Marion Landwehr, née en 1970, est journaliste diplômée et depuis quelques
années auteur de guides de loisirs pour les familles. Elle explore avec ses
deux enfants des destinations séduisantes, des randonnées proches de la
nature et des excursions avec des attractions amusantes pour les enfants.
Site Web de l'auteur : www.wort-zauber.de

Cartographie :
Cartes de randonnées aux échelles 1:15 000, 1:25 000, 1:50 000
© Bergverlag Rother GmbH, Munich (dessinées par B. Häring, Gröbenzell)
Carte de vue d'ensemble et plans de ville © Freytag & Berndt, Vienne

Illustrations :
Stephanie Stickel (www.stephanie-stickel.de)

Traduction :
Jocelyne Abarca

Les tracés des itinéraires de randonnées GR®, GRP® et PR® figurant dans
cet ouvrage ont été reproduits avec l'autorisation de la FFRP.

1ère édition 2012
© Bergverlag Rother GmbH · Munich
Tous droits réservés
ISBN 978-3-7633-4943-2

Chers amis de la montagne ! Toutes les informations figurant dans le
présent guide ont fait l'objet de recherches consciencieuses de la part de
l'auteur et ont été vérifiées minutieusement par l'éditeur. Nous n'assumons
toutefois aucune responsabilité pour l'exactitude des informations –
dans la mesure où la loi le permet. Nous vous remercions de votre compré-
hension et de nous faire part de vos suggestions et de vos corrections
concernant ce guide de randonnée Rother :
Bergverlag Rother · Keltenring 17 · D-82041 Oberhaching
Tél. +49 89 60 86 69-0 · Fax 60 86 69 69 · E-mail : leserzuschrift@rother.de
Venez donc nous rendre visite sur Internet à l'adresse : www.rother.de